中关村科技园区 跨区域产业协同联动 路径研究

首都经济贸易大学特大城市经济社会发展研究院
首都经济贸易大学工商管理学院

李昕 ◎ 著

首都经济贸易大学出版社
Capital University of Economics and Business Press
·北 京·

图书在版编目（CIP）数据

中关村科技园区跨区域产业协同联动路径研究 / 李昕著. -- 北京 : 首都经济贸易大学出版社, 2024. 7.

ISBN 978-7-5638-3712-0

Ⅰ. F127.1

中国国家版本馆 CIP 数据核字第 2024NE2755 号

中关村科技园区跨区域产业协同联动路径研究

ZHONGGUANCUN KEJI YUANQU KUAQUYU CHANYE XIETONG LIANDONG LUJING YANJIU

李 昕 著

责任编辑 潘 飞

封面设计 砚祥志远·激光照排 TEL: 010-65976003

出版发行 首都经济贸易大学出版社

地　　址 北京市朝阳区红庙（邮编 100026）

电　　话 （010）65976483　65065761　65071505（传真）

网　　址 http://www.sjmcb.com

E- mail publish@cueb.edu.cn

经　　销 全国新华书店

照　　排 北京砚祥志远激光照排技术有限公司

印　　刷 北京建宏印刷有限公司

成品尺寸 170 毫米×240 毫米　1/16

字　　数 129 千字

印　　张 10

版　　次 2024 年 7 月第 1 版　2024 年 7 月第 1 次印刷

书　　号 ISBN 978-7-5638-3712-0

定　　价 52.00 元

前 言

在全球化与信息化浪潮的推动下，科技园区已成为推动区域经济发展、促进产业升级的重要引擎。作为中国科技创新的高地，中关村科技园区以其独特的创新生态和强大的产业集聚效应，成为国内外关注的焦点。与此同时，随着全球科技竞争的日益激烈，如何进一步深化跨区域产业协同联动，实现资源的优化配置和高效利用，业已成为中关村科技园区乃至全国各地科技园区面临的共同问题。

本书主要围绕以下几个方面展开。

一、研究背景与机理分析

首先，明确科技园区跨区域产业协同联动的核心意义与实质。其次，探究中关村科技园区在推动京津冀三地科技园区产业协同联动中的内在机制。中关村科技园区的跨区域产业协同联动，旨在以京津冀三地科技园区的整体经济运行为核心系统，将各科技园内的不同产业视为子系统。促进这些产业在时间、空间及功能上的紧密协作与互动，旨在构建一个面向全球市场、基于比较优势、立足产业链分工、遵循互利共赢原则、布局优化合理、发展可持续的绿色低碳现代产业体系。这一体系的建立，将有力推动京津冀三地科技园区的产业共同繁荣与整体强化，显著提升区域产业的综合竞争力。

在京津冀产业协同发展的战略背景下，中关村科技园跨区域产业协同的发展目标具有深远意义。具体而言，这些目标包括以下几个方面。

一是在资源环境约束的现实情况下，对京津冀科技园区内的产业进行基于生态环境保护的战略性布局与选择，以构建绿色低碳的现代产业体系，实现三地科技园区生态环境资源的有效再造与合理分配，从而为京津冀的产业协同发展提供充足的生态空间与环境容量，促进生态、社会与产业在京津冀三地之间达到新的平衡。

二是借助中关村科技园区跨区域产业协同联动，推动京津冀地区的协同创新，助力北京国际科技创新中心的建设，进而提升整个区域的科技创新与经济实力。

三是通过三地科技园区的跨区域产业协同联动，推动京津冀产业在空间布局上的优化与协同发展，这样既有助于缓解北京“大城市病”的问题，又能促进津冀地区的产业优化升级，实现共同迈向世界级城市群的发展目标。

二、文献分析

本书运用文献计量学的方法，借助陈超美教授开发的可视化文献计量分析软件［CiteSpace V6.2.R（64bit）Basic］，对“科技园区”和“产业协同”等领域的文献进行深入的可视化分析。该软件通过共引分析和寻径网络算法，将复杂的文献数据样本转化为直观的可视化图谱，从而揭示了特定知识领域的动态演化过程，清晰地展现了文献之间的内在联系和相互影响。

经过以上分析可知，当前关于科技园区的研究呈现出明显的宏微观倾向。从宏观层面看，现有研究多聚焦于我国科技园区的整体发展，深入探讨了园区发展中遇到的问题及应对策略。从微观层面看，现有研究则多聚焦具体的科技园区，强调园区的独特性以及与之相应的发展模式。然而，中观层面，即结合多个科技园区进行分析以探讨其发展模式及现存问题的研究相对较少。

在产业协同的研究方面，当前的研究视角也相对单一。例如，多数研究以省级地区或地级市为视角，探讨了跨区域的产业协同问题，但鲜有文献针对科技园区这一关键的产业空间单元探讨如何实现跨区域的产业协同联动。事实上，深入探究科技园区的跨区域产业协同联动机制，对于构建更具创新力、高附加值、安全可靠的产业链和供应链，打造自主可控、竞争力强的现代产业体系以及推动产业转型升级和实现高质量发展具有重大意义。

此外，已有研究在对策建议方面存在一定的不足。特别是从产业角度出发，对科技园区发展提出的对策建议相对较少，对于如何在策略层面推动科技园区产业协同的研究亟待加强。

三、现状分析

自京津冀协同发展作为重大国家战略实施以来，产业协同作为其关键突破口，受到了广泛关注。中关村科技园区作为中国高精尖产业的重要培育基地，在推动京津冀产业协同发展中发挥着日益显著的作用。

在制度创新层面，强化顶层设计主要表现在两个方面：一是中关村科技园区在引领京津冀产业协同发展中的战略地位逐渐明确；二是中关村科技园区的相关管理部门在推动产业协同联动方面的工作取得了实质性进展。

在科技园区共建方面，园区的数量与规模持续增长。京津共建的科技园区正逐步成为产业协同的新高地，如滨海-中关村科技园和京津中关村科技城，均成为推动区域合作的重要平台。同时，京雄两地的高质量创新创业载体也在培育中取得显著进展，雄安新区中关村科技园的发展规划正在加快编制中，以深化与当地的合作，带动其整体发展。

在要素流动方面，流动效率持续优化，创新生态不断完善。政策激励和公共服务为人才流动提供了有力保障，同时，北京的创新资源辐射作用日益凸显，技术扩散正不断推动京津冀产业升级。特别是，中关村科技园区各分园通过吸引优质企业迁移落地，有效促进了津冀地区的产业升级和优化。

在产业链与创新链方面，协同创新与产业协作水平不断提高。京津冀协同创新共同体正在加速成长，产业转移与承接持续推进，产业合作平台不断完善，从而共同推动了区域经济的协同发展。

四、主要问题分析

现阶段，中关村科技园区跨区域产业协同联动发展面临诸多现实挑战。本部分重点探究阻碍中关村科技园区跨区域产业协同联动发展的主要因素：一是缺乏统一的整体规划，政策体系不健全、不衔接；二是协调沟通机制不健全，园区间缺乏良好合作氛围；三是要素流动效率有待提升，优质公共服务配套不足；四是产业链分工协作体系尚不完善，龙头企业培育不足；五是产业集群发展不足，产业链与创新链融合有待深化。

五、经验借鉴

本部分充分借鉴国内科技园区在跨区域发展方面的典型模式与经验，以寻找他山之石，为中关村科技园跨区域产业协同联动发展寻找新的着力点。

在创新跨区域产业合作平台与协同机制方面，广深港澳科创走廊以其沿线的科技城、高新区、高技术产业基地等创新载体建设为抓手，打造创新要素流动畅通、科技设施联通、创新链条融通的跨境合作平台，为跨区域产业合作提供全方位要素资源保障。

在跨区域、多元主体共治的治理体系建设方面，长三角 G60 科创走廊通过建立跨省域、多层级、条块联动的政府治理体系打破行政壁垒并创新区域协同组织方式和运作模式，从而有效解决了横向府际协调以及合作动力缺失等难题。

在全要素对接的一体化模式方面，G60 科创走廊、广深港澳科技创新走廊均未局限于单一科创要素的对接合作，而是以科创合作为引领，以区域一体化发展和统一大市场建设为目标，综合对接先进技术、科学设施、科创人才、金融工具、园区空间等各类高质量发展要素资源，并在放管服、科技体制、知识产权保护、产学研转化等多方面给予制度松绑和先行先试权限。其中，长三角 G60 科创走廊主要以人才链赋能产业链并支撑创新链。

在科技创新与产业转化职能互耦的复合发展模式方面，G60 科创走廊将科技创新与先进制造有机聚合于科创走廊空间范围之内，打造世界级科技型制造业中心，探索中国式产业升级与科技创新的空间模式。一方面，依托“一廊九区”产业空间布局，绘制上海市松江区产业地图，聚焦人工智能、生物医药、集成电路等“6+X”战略性新兴产业，制定“精准招商”路线图，确保精准对接招商。另一方面，持续深化长三角 G60 科创走廊“1+7+N”产业联盟体系，目前已建立产业联盟 16 个。

在打造一流营商创新环境和高效便捷的政务服务生态方面，长三角 G60 科创走廊、广深港澳科创走廊、深哈产业园等不断强化制度精准创新和有效供给，构建“市场先行+政府引导”的组织协调机制，营造开放、包容的营商环境，创造良好的创新生态。

六、政策建议

针对中关村科技园区跨区域产业协同联动发展所面临的实际问题，本书认为，要打造世界范围内领先的科技园区，应基于制度创新和科技创新，推动各科技园区的协同创新和联动发展，推动中关村科技园区跨区域产业协同联动发展向更深层次迈进。

一是制定跨区域产业联动专项规划，强化顶层设计；二是健全组织协调机制，营造良好的园区合作氛围；三是培育区域性市场体系，创建全要素一体化对接模式；四是创新园区协作模式，完善产业链分工协作；五是发挥北京市的辐射带动作用，促进创新链与产业链深度融合；六是构建全球顶尖的创新策源地，推动建设世界级先进制造业集群；七是打造高端产业生态，培育国际领先的创新产业集群；八是加强国际创新开放合作，建设全球创新网络的关键枢纽；九是加大先行先试力度，营造世界领先的创新生态系统；十是优化空间布局，打造更加合理的科技创新空间载体。

本书为国家社会科学基金重大项目“数字经济对区域协调发展的影响与对策研究”（项目编号：23&ZD078）、国家自然科学基金面上项目“多层动态网络视角下城市群创新生态系统演化机理及绩效评价研究”（项目编号：72373105）、教育部人文社会科学研究专项任务项目“推动京津冀高质量发展研究”（项目编号：23JD710022）的阶段性成果。同时，本书也是市属高校分类发展项目（首都经济贸易大学数字经济交叉学科平台项目、京津冀协同发展与城市群系统演化的政产学研用平台构建）以及首都经济贸易大学特大城市经济社会发展研究院、特大城市经济社会发展研究省部共建协同创新中心共同资助的成果。

本书在撰写过程中，得到了首都经济贸易大学各位师友、学长的悉心指导和大力协助。其中，研究背景与机理分析部分得到张彦淑等同学的帮助和指点，现状分析部分得到牛寒茵、许芊、苏思尹等同学的指点，主要问题部分和经验借鉴部分得到郭佳钦、于欣平等同学的帮助，政策建议部分得到严亚雯、陈晓钰等同学的指点。在此一并致谢！

目录

第一章　研究背景……………………………………………………… 1

一、放眼全球——科技园区已成为世界主要国家推动产业协同发展、提升国际竞争力、抢占战略制高点的重要依托……… 3

二、审视国内——科技园区跨区域产业协同联动是我国发展新质生产力、实现高质量发展的重要途径………………… 5

第二章　机理分析……………………………………………………… 9

一、科技园区跨区域产业协同联动的内涵与实质 ……………… 11

二、中关村科技园区跨区域产业协同联动的作用机理 ………… 12

第三章　文献分析 …………………………………………………… 21

一、研究方法 ………………………………………………………… 23

二、数据来源 ………………………………………………………… 23

三、科技园区和产业协同研究文献统计分析 …………………… 24

四、科技园区和产业协同研究热点分析 ………………………… 28

五、文献综述 ………………………………………………………… 41

第四章　现状分析 …………………………………………………… 59
一、中关村科技园区的发展回顾 …………………………………… 61
二、中关村科技园区的发展基础 …………………………………… 62
三、中关村科技园区的发展目标 …………………………………… 67
四、制度创新持续深化，顶层设计不断加强 ……………………… 69
五、科技园共建成效显著，园区规模持续扩大 …………………… 72
六、要素流动效率持续改善，创新生态不断优化 ………………… 74
七、产业链与创新链加快融合，协同创新与产业协作水平不断提升 ……………………………………………………… 76

第五章　主要问题 …………………………………………………… 79
一、缺乏统一的整体规划，政策体系不健全、不衔接 ………… 81
二、协调沟通机制不健全，园区间缺乏良好合作氛围 ………… 82
三、要素流动效率有待提升，优质公共服务配套不足 ………… 84
四、产业链分工协作体系尚不完善，龙头企业培育不足 ……… 86
五、产业集群发展不足，产业链与创新链融合有待深化 ……… 88

第六章　经验借鉴 …………………………………………………… 91
一、长三角 G60 科创走廊 ………………………………………… 93
二、广深港澳科技创新走廊 ……………………………………… 94
三、深哈产业园 …………………………………………………… 95
四、经验与启示 …………………………………………………… 96

第七章　政策建议……………………………………………………… 105
一、制定跨区域产业联动专项规划，强化顶层设计……………… 107

二、健全组织协调机制，营造良好的园区合作氛围……………… 109
三、培育区域性市场体系，创建全要素一体化对接模式……… 110
四、创新园区协作模式，完善产业链分工协作…………………… 112
五、发挥北京辐射带动作用，促进创新链与产业链
深度融合…………………………………………………………… 114
六、构建全球顶尖的创新策源地，推动建设世界级先进
制造业集群………………………………………………………… 117
七、打造高端产业生态，培育国际领先的创新产业集群……… 119
八、加强国际创新开放合作，建设全球创新网络的
关键枢纽…………………………………………………………… 122
九、加大先行先试力度，营造世界领先的创新生态系统……… 124
十、优化空间布局，打造更加合理的科技创新空间载体……… 126

附录………………………………………………………………………… 129

参考文献…………………………………………………………………… 132

第一章　研究背景

YANJIU BEIJING

一、放眼全球——科技园区已成为世界主要国家推动产业协同发展、提升国际竞争力、抢占战略制高点的重要依托

当今世界已进入新的动荡变革期，贸易摩擦和保护主义抬头，对产业链和供应链安全产生重要影响，并给全球化发展带来很大的不确定性。国际经济、科技、文化、安全等格局已发生深刻调整。新一轮科技产业革命方兴未艾，信息、生命、材料及制造等领域中的颠覆性技术不断涌现，大量新技术、新产业、新业态和新模式成为助推产业变革的新动能。国际科技合作和产业分工进入深入调整期，加快重构全球创新版图、重塑全球经济结构、重组全球城市竞争力。科技创新成为国际战略博弈的主战场，围绕科技制高点的竞争空前激烈。科技园区不仅仅是科技创新的战略高地和新兴产业的培育载体，更是经济社会发展的强大引擎以及推动科技创新、集聚全球创新资源、加速知识转移的重要通道，对国家科技创新、产业转型升级持续发展、产业协同发展和提升国际竞争力等具有至关重要的作用。

纵观世界主要发达国家的发展历程，其均依托科技园区发展高新技术产业，推动技术创新和产业协同发展，以提升自身全球战略资源配置能力和国际竞争力，抢占科技战略制高点。以下简述其中一些有代表性的案例。

其一，美国硅谷。该区域集聚了高密度的创新要素和人才资源以及高频率的创新活动，创新成果不断向外围区域辐射扩散，与周边城市形成良好的产业互动关系，从而推动了圣何塞高技术产业集群的出现和旧金山湾区的快速发展，奠定并持续巩固了美国世界科技创新中心的地位及其高技术产业在全球的竞争力。

其二，日本筑波。该区域依托科学城建设，汇集了众多科研院所与研究人员，形成了强大的原始创新能力，科技创新成果不断涌现。同时，此地通过新干线高速铁路系统，形成了与东京-横滨工业带高新技术企业的密切联系，从而促进了创新孵化和科技成果转化，推动了强大制造业集群的出现，并逐步形成了筑波-东京-横滨创新带，为日本发展提供了不竭动力。

其三，英国东伦敦科技城。该区域利用伦敦作为全球金融中心和国际门户的优势，加快风险资本的集聚，助力科技城创新企业和创新要素的集聚，使东伦敦科技城的企业能够轻松接入全球市场，以吸引国际投资者和合作伙伴，从而实现与全球创新网络的紧密对接；通过构建创新生态系统、推动产业转型升级、集聚和培养高端人才以及强化全球连接与互动等方式，成功实现英国东伦敦科技城从传统工业区到欧洲成长最快的科技枢纽的转变。

其四，美国波士顿肯德尔广场。该区域主要依托麻省理工学院（MIT）等知名学府产学研一体化的创新发展模式（其中麻省理工学院在肯德尔广场的发展过程中起到了核心作用），从而形成了顶尖高校和企业产学研一体化的合作发展模式。高校和研究机构通过向企业进行专利授权和技术转让实现产学研合作，再通过区域聚集与扩张进一步深化产学研合作。正是由于该区域内各个大学与企业之间形成了完备的产学研合作模式，从而推动美国波士顿形成了世界顶尖大学的知识生产与转化集群。

其五，德国慕尼黑高科技工业园。该区域拥有雄厚的工业基础和丰富的大学资源，慕尼黑高科技工业园区所进行的创新基本上是以实际生产和市场需求为导向的，有着强烈的产学研融合基因。慕尼黑高科技工业园区在科研机构和企业协作、专利申报和保护、技术转化资助等方面

提供了一系列优惠条件，从而推动了科研机构与企业之间的紧密互动，为科研成果的有效转化、产学研距离的缩短等营造了良好的环境。

其六，芬兰奥卢科技园。该区域发展的主要方式是以大企业为主导带动产业链发展，形成电子技术的特色产业集群。近年来，芬兰奥卢科技园形成了由大学、科研机构、高科技企业和科技园组成的高科技综合体，该区域也正在从传统产业的聚集区迅速转变为高技术科学城。

综上，面对百年未有之大变局，中国也应当合理借鉴国际先进经验，依托科技园区建设以提升科技创新实力，从而助力高精尖产业发展，推动产业协同发展，不断提升我国高科技产业的核心竞争力。

二、审视国内——科技园区跨区域产业协同联动是我国发展新质生产力、实现高质量发展的重要途径

当前，我国正处在由工业大国向工业强国迈进的关键时期，全球产业分工格局的深度调整使我国面临日益严峻、复杂的外部环境。

一方面，高端环节受到某些发达国家的科技霸凌。例如，随着地缘政治冲突的加剧，美国加快了对华技术脱钩和产业链供应链的“去中国化”进程。2022 年 8 月 9 日，美国总统拜登签署了《2022 芯片与科技法案》。其主要内容包括：紧急补充拨款 527 亿美元，以支持本土芯片制造与研发；同时通过了针对芯片制造投资的税收抵免拨款 240 亿美元。此外，加快推进组建“CHIP4”（芯片四方联盟），并将我国的 114 家企业列入“实体清单”施加制裁，导致这些企业受到极大冲击。

从近年来美国对华关系中的种种遏制行动来看，不难想象美国会变本加厉地实施科技封锁，而这将进一步冲击全球供应链与产业链。我们应当清醒认识到，长期以来中国的产业发展受制于美国对全球科技创新

转移的封锁和部分高技术“卡脖子”等问题。例如，美国在科技领域实施保护主义与精准打压，出台“出口管制清单”，限制对华半导体、5G（5th Generation Mobile Communication Technology，第五代移动通信技术）、人工智能等产品和技术的出口等，都是美国在对华产业链问题上大搞“脱钩断链”的具体表现，我们应当对这些来袭的风险有充分的认识和准备。

另一方面，中低端环节则面临来自部分其他国家（如东南亚一些国家）的逐底竞争。在此过程中，我国传统劳动力要素的比较优势正在逐渐消失。

综上，这种“双重挤压”的国际竞争态势对我国实现高质量发展提出了严峻挑战。当今世界正经历国际格局和国际体系的重大转变，科技创新则是提升综合国力的关键支撑。世界各主要大国为率先夺取技术发展的制高点，纷纷从顶层政策规划上完善自身产业布局，以争夺技术创新先机。例如，美国自 2018 年以来密集发布 5G、量子计算、先进制造等领域的支持政策，德国先后制定《高新技术战略 2025》和《国家工业战略 2030》，英国围绕人工智能、数字化等领域不断完善其政策，等等。事实证明，在科技创新的竞争赛道上，慢进则退，这就要求我国加快制度创新以抢占新一轮科技革命的先机。

以习近平同志为核心的党中央基于对世界发展趋势和我国具体国情的准确把握，创造性地提出“发展新质生产力是推动高质量发展的内在要求和重要着力点，必须继续做好创新这篇大文章，推动新质生产力加快发展”。

习近平总书记强调，科技创新能够催生新产业、新模式、新动能，是发展新质生产力的核心要素。当前，全球科技创新已进入活跃期，科技创新广泛赋能经济社会发展，从而使新质生产力展现出比传统生产力

更强大的科技内核。经由新质生产力统筹推进科技创新和产业创新，对改造提升传统产业、培育壮大新兴产业、布局建设未来产业、加快建设现代化产业体系、推动我国高质量发展具有重要作用。只有加快培育发展新质生产力，才能为高质量发展提供坚实的技术和物质支撑。

当前，科技园区被赋予加速推进新质生产力发展和推动我国科技进步的重大国家使命，并已成为我国引导产业集聚、促进区域经济一体化的重要空间单元和实施创新驱动战略的中坚力量。科技园区蓬勃涌现的科技成果为发展新质生产力提供了强劲的动力源泉。可以说，科技园区作为发展新质生产力过程中的重要着力点，有责任发挥“试验田”的作用，也更有可能形成可复制可推广的新质生产力发展模式。同时，科技园区还可以发挥作为区域新质生产力高地和新质生产力增长极的“头雁作用”，从而促进形成新质生产力作为先进生产力的“溢出效应”，带动全国新质生产力发展。

现阶段，各级政府及学术界均高度重视跨区域的产业协同联动与战略性全局性产业链的打造。但是，与之相关的研究多从省级或地级市视角探究跨区域的产业协同问题，鲜有针对科技园区这一重要产业空间单元如何实现跨区域产业协同联动而展开的研究。

对此笔者认为，深入探究科技园区的跨区域产业协同联动的作用机理，对于形成具有更强创新力、更高附加值、更安全可靠的产业链与供应链，打造安全自主可控、竞争力强的现代产业体系，推动新发展格局构建和实现高质量发展具有重要意义。

第二章　机理分析

JILI FENXI

一、科技园区跨区域产业协同联动的内涵与实质

科技园区是集研发、培训、生产、商业、居住于一体，以创新为核心的高新技术产业集聚型的综合区。所谓科技园区跨区域产业协同联动，是将园区所在区域的产业系统从整体上视为一个复杂、开放的系统，将各园区的产业视为其各个子系统，通过子系统之间的有效连接和联动，实现更有效率、更加全面的发展，从而达到协同的运作模式和区域系统发展。究其实质，是产业系统中的生产要素、技术创新等子系统向更高阶段的协同演化，促进中间层次产业链、供应链的协调融合，形成全新的专业化、差异化、互补化之有序分工，从而通过与体制机制、基础设施等环境的协同，推动宏观层次的产业系统不断从简单到复杂、从低级到高级、从局部最优到全局最优的演化。

具体而言：

从简单到复杂，是指区域内的产业部门数量、门类归属、关联方式向多样化方向发展，系统内的成员从单一主体向企业、政府、非政府部门和社会公众等多元主体进化；

从低级到高级，是指系统多样化和复杂性的增加推动产业系统分工与协作效率的不断提高，促进区域内产业结构逐渐向高级化和合理化演变，产业间的联系也日益从“零散”到“成链”再到集结成“网络”；

从局部最优到全局最优，是指产业系统协同发展所带来的经济效益和生态效益在地域空间上的扩散效应，即一个产业通过协同发展所取得的成效会推动更多产业采取相似的发展方式，从而促进整个区域内产业竞争力的不断提高以及全域产业协同的实现。

党的十九大报告指出，“实体经济、科技创新、现代金融、人力资

源”是构建产业协同体系的四大要素。产业协同在其发展的早期，需要良好的产业基础和能较好承载产业协同四大要素的空间载体，并能通过政策的先行先试发挥引领示范作用。科技园区作为较理想的产业协同四大要素融合聚集区、产业集聚和创新驱动发展的主要平台、产业分工合作的重要空间载体以及享受政策先行先试的特殊经济区域，有能力、有潜力、有基础承担起促进产业协同发展的重要作用。在这之中，国家级高科技园区以“发展高科技”和“实现产业化”为宗旨，将科学技术运用于经济活动，并能直接将科技成果在园区内落地转化，从而成为实现地区创新能力提升、推动经济发展的强大引擎之一。

国家级高科技园区的设立往往伴随其他众多产业政策的支持，以保证科技园区能享受到较多政策福利，如更大的税收优惠、更多的土地配额以及更全面的政策指导等，从而吸引和汇聚更多的创新要素资源；入驻科技园区的高端制造业，则能通过集聚效应提升园区内制造业的专业化集聚水平，并通过密切产业间及上下游企业间的联系不断推动相关产业向协同集聚转变，最终实现科技园区中跨区域产业之间的协同联动发展。

二、中关村科技园区跨区域产业协同联动的作用机理

中关村科技园跨区域产业协同联动是以京津冀三地科技园区的整体经济运行作为总系统，以京津冀各科技园区内的各产业作为子系统，通过各产业内部生产要素和科技资源在时间、空间和功能上的协作互动，打造面向全球市场、基于比较优势、立足产业链分工、符合互利共赢原则、布局优化合理、发展可持续的绿色低碳现代产业体系，从而推动上述三地科技园区产业的共同发展、整体加强，大幅提升区域产业综合竞争力。

在京津冀产业协同的发展背景下，中关村科技园区的跨区域产业协同的发展目标可归纳为以下几个方面。

一是在资源环境约束下，对京津冀科技园区内的产业进行基于生态环境保护的重新布局和选择，构建绿色低碳现代产业体系，实现以上三地科技园区生态环境资源的再造与再分配，从而为京津冀产业协同发展提供足够的生态空间与环境容量，以期在京津冀三地形成生态、社会与产业发展的新均衡。

二是以中关村科技园区的跨区域产业协同联动推动京津冀协同创新，助力首都北京的国际科技创新中心建设，加强京津冀地区的科技创新实力，促进其经济实力的整体提升。

三是通过三地科技园区的跨区域产业协同联动，带动实现京津冀产业在空间上的合理布局及协同发展，在助力破解北京“大城市病”的同时，推动津冀两地的产业优化升级，促进京津冀世界级城市群打造。

京津冀三地科技园区联动的着力点可从微观要素、中观产业、宏观政策等三个层面进行分析：促进微观层面资本、劳动、技术、数据等各要素之间的协同，促进中观层面园区间产业内、产业链及产业间的协同，促进宏观层面政策间的协同。

其中，宏观层面的政策衔接可为微观层面的要素协同和中观层面的产业链协同提供政策保障和指引，中观层面的产业链协同则离不开微观层面要素协同的重要支撑，而这也是科技园区实现跨区域产业协同联动的关键所在。图 2-1 为中关村科技园跨区域产业协同作用机理。

（一）要素自由流动和集聚是中关村科技园区产业协同联动的关键动力

新结构经济学理论认为，区域内的要素结构内生性决定了具有比较

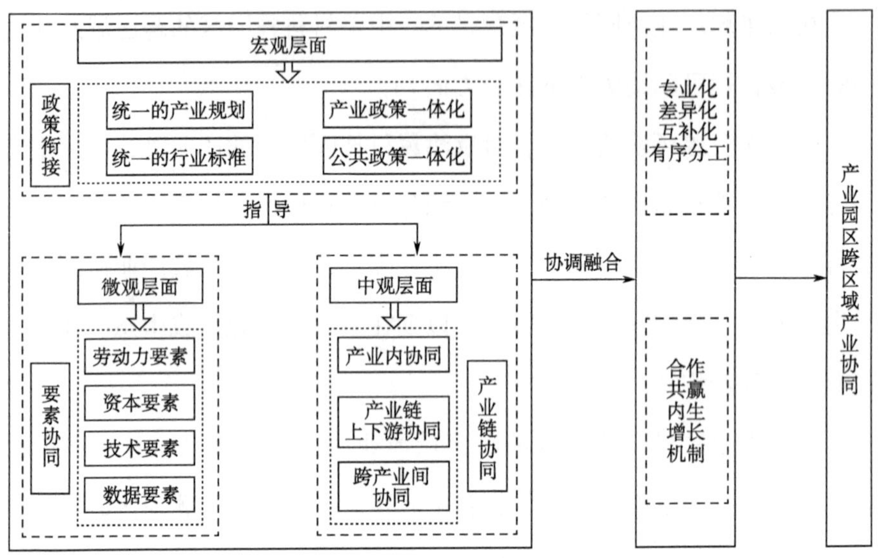

图 2-1　中关村科技园跨区域产业协同作用机理

优势的产业和技术结构。所谓产业形成，是指大量相似或具有关联性的生产要素在企业这一物质载体中的关系集合。从根本上看，产业的结构和质量取决于生产要素的结构和质量，而要素结构的调整和要素质量的改善源于劳动力、资本、技术、数据等生产要素的自由流动和集聚。由此可见，生产要素对产业的高质量发展及协同发展具有重要作用，生产要素的自由流动和集聚是产业协同发展的关键动力。

对中关村科技园区而言，生产要素的自由流动和集聚对产业协同发展的影响主要体现在以下两个方面。

一是政府主导下的要素流动。中关村科技园区作为我国的区位导向型产业政策的成果之一，自成立伊始便享受国务院、北京市政府及有关部门制定的一系列税收、资金支持和土地配给等优惠政策，以扶植该科技园区内高新技术企业的初始发展。

例如，充足的资金是保证新入驻企业生存和发展的基础，而科技园区的设立会促进大量政策性和商业性银行的资金流入，从而解决企业生

产所需的资金问题。同时，政府的税收减免政策使企业得以在较大程度上保留其经营利润，从而有利于企业顺利实现扩大再生产。此外，政府主导下的要素流动有助于逐步引进或培育园区内的主导产业，并通过产业关联形成完善的上下游产业链条以及合理的产业空间布局，进而形成动态发展、结构合理的产业协同发展模式（Ellison et al.，2010）。

二是市场主导的要素流动。随着各园区市场化水平的提升，加之京津冀三地跨园区合作共建水平的提升，生产要素的配置效率也不断提高。企业入驻中关村科技园区，会增加对配套产业的需求，吸引大量优质创新生产要素和资源的集聚，促进创新人才、先进技术等的跨园区自由流动与重组，从而使园区在不断完善中成为“产学研金中介”一体化的协同创新体。由此带来的知识和技术等外溢效应，不仅可以有效提高高附加值和高技术含量的服务业（即生产性服务业）的比重，而且能有效提升中关村科技园区津冀分园的技术水平及其产业承接水平（He and Wang，2010；张国强 等，2011）。

由此可知，要素的自由流动与集聚可促使生产要素在不同的产业间进行高效配置，从而实现产业结构在时间上的共同调整和空间上的协同布局。

（二）产业链协同是中关村科技园区产业协同联动的重要方式与路径

从系统的视角来看，产业链协同是系统演进的重要因素，对中关村科技园区跨区域产业系统的协同发展至关重要。

通常而言，产业链的形成会经历“由点及线”到“由线结网”的演变过程。其中，产业链中的初始节点（一般为核心企业或产业集群）是产业链的关键载体，其关联基础在于各节点之间的比较优势是否能够形成互补，而这也是“强强联合”的重要前提。产业链能否打造起核心竞争力，则源于产业链内各主体间能否基于自身比较优势形成适应外部需求的强强联合的生产关系网络。

产业链协同围绕产业链集群化进行，其目的是：使中小企业能够更加深入、广泛地参与产业链分工，从而促进产业链的深度融合、优势互补，在更大范围内实现区域资源的优化配置；使产业内各企业组织由以往的无序竞争转变为有效竞争；使各园区主导产业之间的关系也由相互竞争关系向差异化关系调整，并逐步建立起关联关系，从而实现产业的跨区域间互补。

具体而言，产业链协同主要包括以下几方面的内容。

第一，同一产业内部不同企业之间的协同。产业内具有相似原材料、中间产品及最终产品形态的供给企业之间在组织形态、组织结构等方面的协同，能够满足不同消费者对差异化产品的需求，从而实现规模经济和市场竞争的有效结合。

第二，产业链上下游之间的协同。产业内不同企业之间根据产业性质和分工等进行产业链条上的协同时，可通过发挥上下游企业的各自专长，形成彼此之间在产业链条上的密切合作，并构建起知识信息共享、风险共担、利益共获的合作机制。

第三，产业间的协同。产业间协同主要发生在传统产业与战略性新兴产业、制造业与生产性服务业之间。这些不同产业之间的协同，可以促进实现其在产品、工艺、管理、创新等方面的同步提升。

图 2-2 为产业链协同的主要形式。

中关村科技园区等各科技园区的设立过程，通常会促进周边基础设施水平的提升。由此，园区内企业通过共享相关基础设施和专业化条件下的集聚经济，可大幅降低生产和运输成本（Ellison and Glaeser,

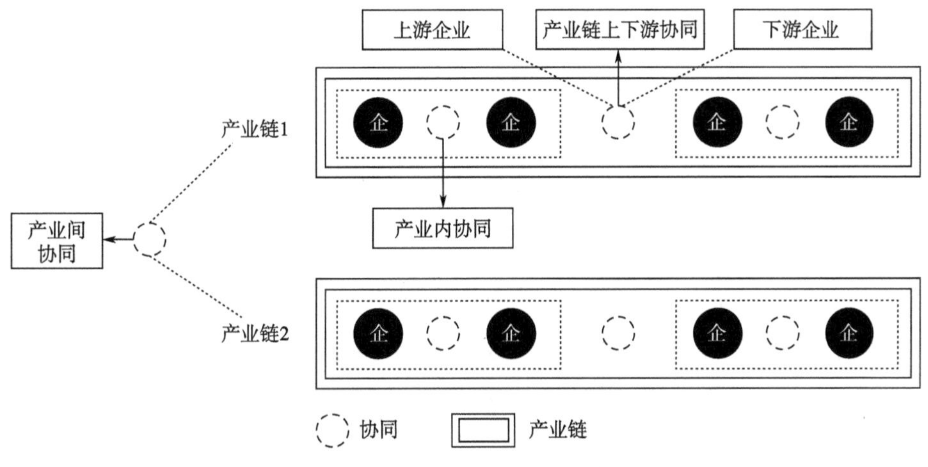

图 2-2　产业链协同的主要形式

1997；熊波、金丽雯，2019）。同时，由企业集聚而带来的企业间专业化分工的深化和信息不对称的减弱也会显著降低企业的内外部交易成本（赵伟、王春晖，2013）。

上述成本的节约会促使相关企业获得规模集聚效应，存在上下游关联的产业内部的企业也会因此而相互靠近，不断强化产业链上下游之间的协同。此外，产业在集聚的同时也会增加对配套产业的需求，从而进一步促进不同产业间的协同。

以京津冀为例，三地生产要素的不断协同和宏观层面的政策衔接，有助于强化园区间企业、产业的联系，弱化园区企业或主导产业间的无效、无序竞争，逐步形成专业化、差异化、互补化的有序分工并形成合作共赢的内生增长机制，从而形成三地科技园区产业之间的配套协作优势，实现产业链的深度融合以及资源的优化配置，进而实现三地产业的跨区域协同联动。此外，依托京津冀城市轨道交通线路，跨园区的产业链协同也有助于在三地间形成科创走廊，进而促进三地科技园区的跨区域产业协同联动。

（三）政策衔接是中关村科技园区跨区域产业协同联动的基础保障

健全衔接的政策体系是中关村科技园区产业间实现联动发展的重要保障。

首先，当前中关村科技园区各园区所在的地方政府仍未能完全屏弃“一亩三分地”的传统思维，导致不同区域的科技园区“各自为战”，甚至出现竞争大于协作的问题，从而严重阻碍了产业的协同联动发展。

对此，通过制度建设出台统一的产业规划，针对各区域和各产业发展的优势所在就产业协同中的重点产业及其空间布局进行科学的顶层设计和具有前瞻性的规划部署，可以有效打破经济发展中的行政区划限制，加强各类跨区域科技园区之间的产业关联并促进区域间经济合作，从而充分挖掘各产业间的横向联系，合理配置产业发展所需资源，使产业的参与者在市场经济的调控下开展有效合作和公平竞争，从而形成各区域科技园区之间产业要素双向流动、产业发展协同促进的良好格局。

其次，各区域科技园区从宏观的产业政策到微观的行业标准上的差异在一定程度上阻碍了产业协同的实现，而通过相关政策体系的不断完善，可有效解决这一问题。

一方面，统一的行业标准能有效促进北京地区高新技术企业在中关村科技园区津冀分园的转移与落地，从而更好发挥北京地区科技资源在津冀地区的溢出效应，加速企业间的技术交流和扩散，提升企业的创新能力和资源的优化配置，从而促进三地科技园区的产业协同。

另一方面，合理的利益共享与风险共担机制是实现各地方政府间合作的制度基础，这也是相关政府机构为保证市场对资源配置起决定性作

用而设计的长效合作机制。通过形成并完善这一长效合作机制，能够充分调动产业转移的积极性，促进京津冀三地的协作，并有助于形成持续稳定健康的区域合作关系，从而为三地科技园区产业协同联动的扎实推进提供坚实的政策保障。

最后，除了产业政策的一体化，公共政策的一体化也至关重要。土地、人才、科技等公共政策的跨区域协调或衔接，文化、教育、医疗、养老、社会保障等公共资源的均等化和公平化，能有效促进人口和生产要素的跨区域流动，增加津冀两地吸引创新要素资源的能力，为津冀分园提供坚实的创新型人才支撑，从而促进津冀分园的产业发展和京津冀三地科技园区的跨区域产业协同联动。

第三章　文献分析

本书基于文献计量学的方法，采用陈超美教授开发的可视化文献计量分析软件 CiteSpace V6. 2. R（64bit）Basic（以下简称“CiteSpace”）对“科技园区”“产业协同”等文献进行可视化分析。该软件基于共引分析和寻径网络算法等对数据样本进行可视化处理，以呈现特定知识领域的演化过程，从而能够将文献之间的关系以科学知识图谱的方式通过可视化的方式展现出来。本书借助 CiteSpace 对文献数据进行高产出作者、发文机构、关键词共现和关键词聚类等分析，并绘制知识图谱。通过知识图谱清晰、直观地展示科技园区、产业协同等研究的基本情况和不同时期的研究热点。

二、数据来源

本书的研究数据主要来源于中国学术期刊网络出版总库（CNKI，以下简称“知网”），以科技园区、产业协同等为关键词在知网进行检索，为确保所分析文献的质量，文献来源类别限定为中文社会科学引文索引（CSSCI）。在初步检索到的 1 392 篇文献基础上，通过阅读摘要进行手工筛选，剔除新闻报道、人物访谈、文献综述等无效文献后，得到有效文献 1 371 篇。然后，将该 1 371 篇有效文献以 Refworks（一款基于网络的研究文献管理软件包）格式导出保存，为后续绘制知识图谱作准备。

三、科技园区和产业协同研究文献统计分析

（一）年发文量分析

发文量可以直观地展示某一研究领域的热度与研究进程，从而对预测该领域的未来发展趋势具有重要意义。根据图 3-1，可以清晰地了解与科技园区、产业协同相关的文献数量的变化趋势。

其中，以科技园区为主题的文章最早出现在 1998 年，同年，中关村科技园区获批，从而标志着 1998 年成为科技园区建设发展的元年。

由图 3-1 可知，我国科技园区、产业协同领域相关文献的数量自 2000 年起整体呈波动上升趋势，其中 2001—2013 年发文量的增速较快。由此可知，2001 年是科技园区研究发展的关键节点。2001 年 9 月，科技部在武汉召开的国家高新区所在城市市长座谈会上首次提出“二次创业”的口号，其基本内涵是“五个转变”：要从注重招商引资和优惠政策的外延式发展向主要依靠科技创新的内涵式发展转变，要从注重硬环境建设向注重优化配置科技资源和提供优质服务的软环境转变，要努力实现产品以国内市场为主向大力开拓国际市场转变，要推动产业发展由小而分散向集中优势、加强集成、发展特色产业和主导产业转变，要从逐步的、积累式改革向建立适应社会主义市场经济要求的高新技术产业发展规律的新体制、新机制转变。同时，科技部在此次座谈会上指出，“二次创业”的核心是提高科技园区的技术创新能力。

2014 年至今，科技园区、产业协同领域的发文量一直保持在较高水平。究其原因，对上述领域深入的研究与国家经济的发展、国家相关政策的制定、学者专家的推动等密不可分。2014 年，中国经济发展进

入新常态。中央于2014年提出京津冀协同发展战略、长江经济带战略，于2015年提出供给侧结构性改革、实施“中国制造2025”制造强国战略、长江中游城市群发展规划的宏观政策，等等。在这样的背景下，2014—2015年上述领域的发文量有明显增加。其中，关于产业协同的文献数量相对较多。

从发文量的走势来看，30多年来，国内在科技园区和产业协同这两个领域的年发文量由11篇（1998）增加至80篇（2020）。从中也可清楚了解的一点是，上述研究受政策的影响较大。

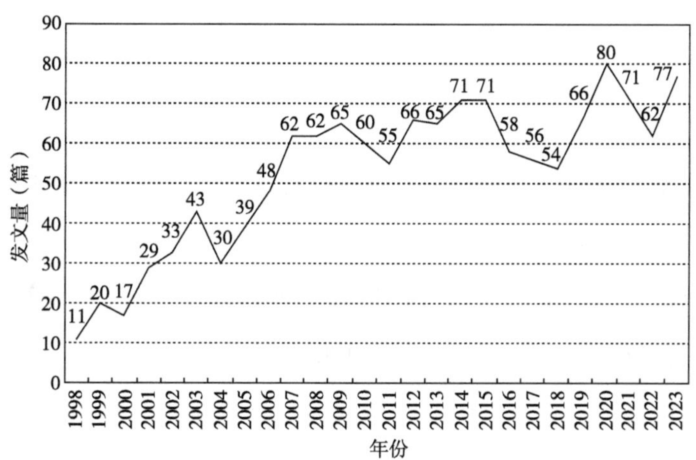

图3-1“科技园区”和“产业协同”领域相关文献数量变化

资料来源：笔者通过知网检索、整理而成。

（二）核心作者分析

通过对核心作者的分析，可以辨识相关领域的核心作者，并挖掘核心作者及其研究团队的研究方向。本书根据CiteSpace软件生成的样本文献作者分布可视化图谱，统计了发文量排名前十的核心作者，如表3-1所示。

表 3-1 发文量排名前十的作者

排序	作者	发文量（篇）	主要研究方向
1	胡树华	14	创新管理、区域经济、战略管理
2	解佳龙	12	区域创新管理、产业创新管理
3	孙红军	9	创新管理、创新经济
4	魏丽华	9	产业经济学、政治经济学
5	陈家祥	6	城市与区域规划、区域可持续发展
6	张敬文	6	创新管理、战略管理与产业经济
7	李 琳	5	区域创新与区域发展
8	武玉英	5	区域可持续发展
9	苑清敏	5	循环经济、产业生态学
10	徐力行	3	产业经济学和国际经济学

资料来源：笔者通过 CiteSpace 软件统计而得。

近年来，国内已有较多学者对科技园区和产业协同等相关问题开展研究，他们的研究方向多为区域经济、区域可持续发展、创新管理等。同时，这些学者主要针对科技园区和产业协同中的某一个板块进行研究，对科技园区间产业协同的研究则相对较少。

具体来看，上述学者中胡树华的发文数量最多，为 14 篇，明显高于其他作者的发文量。从他曾发表过的论文（如《我国国家高新区马太效应研究——兼议国家自主创新示范区的空间布局》《国家高新区竞争力空间动态差异研究》《国家高新区产业竞争优势分类研究》等）可知，该学者对科技园区在国内的应用和发展有较多深入研究。此外，解佳龙等学者主要研究的是科技园区的评价体系、发展阶段，魏丽华等学者对京津冀产业协同发展有较多的分析和探讨，张敬文等学者则主要研究战略性新兴产业的协同发展，等等。

（三）发文机构分布分析

本书根据 CiteSpace 绘制而成机构合作网络图谱（见图 3-2）。在该图中，节点的大小表示研究机构发文的数量多少，节点间连线的粗细表示研究机构间合作的强度。由此可知，如果各个节点间的连线较多，节点较为密集，说明科研机构间的合作也比较密切。

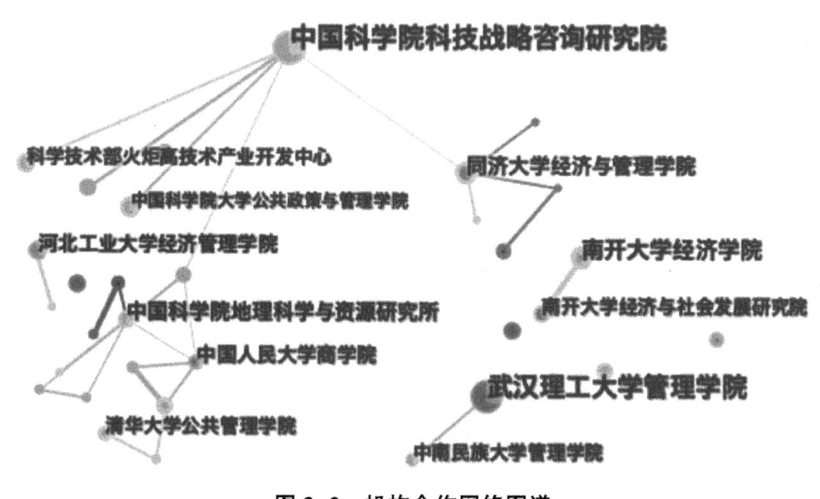

图 3-2　机构合作网络图谱

资料来源：笔者通过 CiteSpace 软件绘制而成。

此外，通过对发文机构发文量的分析可以了解其研究水平。无疑，高校是该领域的主要研究力量。从主要研究机构的类型来看，发文量排名前五的机构主要为高校的经济管理学院（见表 3-2）。其中，中国科学院科技战略咨询研究院、武汉理工大学管理学院的发文量占据前两位，分别为 19 篇、18 篇；此外，南开大学经济学院、中国科学院地理科学与资源研究所、同济大学经济与管理学院等机构的发文量也较高。与之相应，这些机构在图 3-2 中的节点也都比较大。

由图 3-2 还可以知道，中国科学院在自身系统内的合作较为普遍，同时，其与知名高校的联系也比较密切，如中国人民大学、清华大学、同济大学等；如果是位于同一城市的研究机构，或是同属于一个研究机构中的两个部门，其连接强度也往往较强，如中国人民大学商学院与清华大学公共管理学院（均位于北京）、武汉理工大学管理学院与中南民族大学管理学院（均位于武汉）、南开大学经济学院与南开大学经济与社会发展研究院（同属于南开大学）等。

表 3-2　发文量排名前五的国内核心研究机构及其发文量情况

序号	研究机构	发文量（篇）
1	中国科学院科技战略咨询研究院	19
2	武汉理工大学管理学院	18
3	南开大学经济学院	12
4	中国科学院地理科学与资源研究所	9
5	同济大学经济与管理学院	9

资料来源：笔者通过知网检索、整理而成。

四、科技园区和产业协同研究热点分析

（一）关键词共现分析

关键词是文献核心内容的体现，通过对关键词的分析，可以了解相关领域的研究热点与研究脉络。本书运用 CiteSpace 软件绘制关键词共现网络图谱（见图 3-3），其中节点的大小表示关键词出现的频次，节点间连线的疏密程度表示节点中心性的大小。关键词共现网络图谱共呈现节点 186 个，连线 180 条，网络密度 0. 010 5。

在图 3-3 的基础上，本书整理出被引频次排名前 15 位的热点关键词（见表 3-3）。通过梳理热点关键词所对应的相关文献，发现科技园区和产业协同研究热点呈现以下主要特征。

第一，相关研究区域主要集中在京津冀地区。15 个高频关键词中只有一个表示区域名称，且“京津冀”的共现频次达 56 次。

第二，相关研究所选择的科技园区发展模式以创新驱动为主，并集中于对科技园区创新绩效、创新效率等的衡量。

第三，相关研究对产业协同、产业集聚的重视程度更高。例如，“产业集群”“协同集聚”“产业集聚”这三个关键词的合计共现频次为 156 次。此外，在当前研究中，更加重视“产业集群”“产业集聚”等对产业协同的影响。

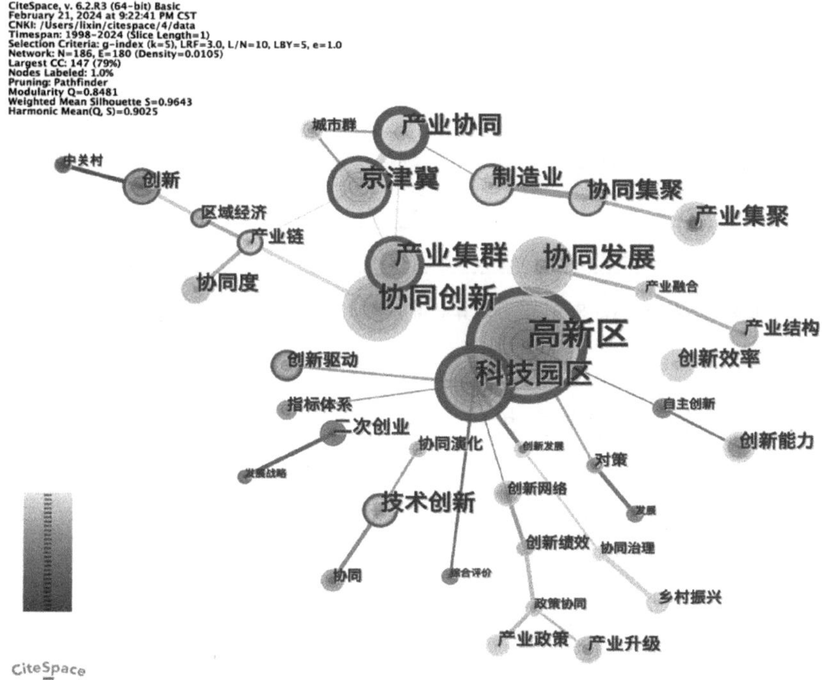

图 3-3　关键词共现网络图谱

资料来源：笔者根据 CiteSpace 软件绘制而成。

表 3-3 关键词共现频次、中心性及年份（部分）

排序	关键词	频次	中心性	年份
1	高新区	244	0.47	1999
2	科技园区	106	0.43	2000
3	协同创新	104	0.02	2008
4	产业集群	84	0.34	2004
5	协同发展	80	0.07	2010
6	京津冀	56	0.30	2014
7	产业协同	52	0.48	2007
8	制造业	40	0.18	2014
9	技术创新	40	0.13	1999
10	协同集聚	38	0.12	2014
11	产业集聚	34	0.08	2006
12	创新效率	24	0.00	2014
13	协同度	21	0.02	2012
14	创新	20	0.12	2001
15	创新能力	20	0.03	2009

资料来源：笔者通过 CiteSpace 软件计算而得。

（二）关键词聚类分析

通过对关键词进行聚类，可以进一步展现研究领域的热点与趋势。本书运用 CiteSpace 进行聚类分析后发现，其中共有节点 440 个、连线 435 条。从模块度（Modularity）值和轮廓系数（Mean Sihouette）值来看，前者为 0.902 5，后者为 0.964 3，聚类结果显著。聚类依次为 0#高新区、1#科技园区、2#产业政策、3#协同创新、4#产业链、5#产业协同、6#技术创新、7#二次创业、8#协同发展、9#科技创新、10#产业集群、11#创新能力、12#协同集聚、13#创新网络。

在此基础上，通过对关键词进行聚类分析（见图 3-4），得到各个

聚类的轮廓值。聚类的轮廓值是衡量聚类轮廓内部节点之间紧密程度的指标。本书按照所得聚类轮廓值的大小进行排序，选取排名前五的聚类进行分析。由于聚类名称所含的信息有限，因此有必要结合子聚类及其所包含的文献内容进行更为深入的分析。

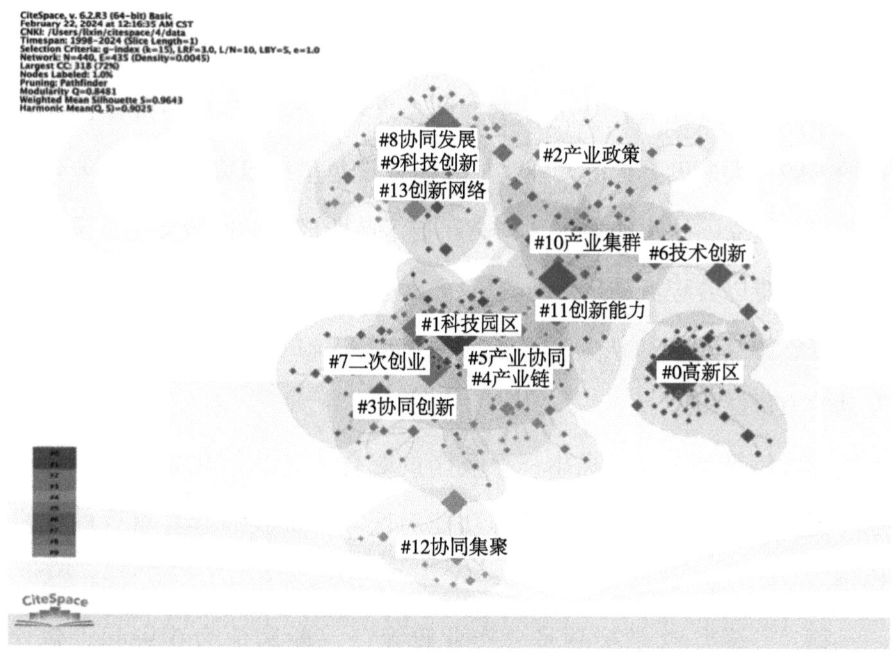

图 3-4 关键词聚类网络图谱

资料来源：笔者根据 CiteSpace 软件绘制而成。

第一，聚类#1 的标题是科技园区（轮廓值为 0.996），包含“企业集群”“动力机制”“经济增长极”等子聚类。企业集群是带动科技园区经济增长的主要方式，科技园区则是区域经济发展的重要增长极。

刘友金等（2001）认为，从国际经验来看，产业集群是成功的高技术开发区的共同特征，产业集群通过为高技术开发区带来知识溢出效应、“追赶效应”和“拉拨效应”以及产生吸聚作用，提高了高技术开发区的区域创新优势。

谯薇（2001）认为，可以通过完善“产学研”合作机制、发挥政府的推动和引导作用、健全高新技术开发区内完善的服务体系等方式，来促进高新技术开发区企业集群的形成。

王振等（2002）认为，集群式科技园区主要的发展路径是新生企业的大量繁衍和现存企业的渐进式增长。其发展的主要特点是企业间关系紧密，信息渠道通畅；企业共同关注相近产业，专业化程度高。

胡大立等（2004）从企业集群的角度提出我国科技园区建设中存在的问题：大多没有形成产业集群，企业聚集呈现出脆弱性，企业集群机制尚未建立，缺少能促进区内高新技术产业成长的区域文化，园区内生产要素难以合理流动。

张忠德（2009）认为，科技园区创新系统的动力机制是一种多元互动的力量结构。

王大伟等（2011）提出，科技园的孵化人才、孵化技术、孵化企业、创新产业集聚、综合服务等功能对区域经济发展起着重要的促进作用。

第二，聚类#2 的标题是“产业政策”（轮廓值为 0.988），包含“政策协同”“传统产业”“产业发展”等子聚类。产业政策协同能够保障各种要素资源在不同地区之间的自由充分流动，从而提高资源配置效率，提高产业协同度。

刘柯杰（2002）认为，政府在制定高科技产业政策时应重视知识外溢效应、地区产业集聚、政府干预方式等，以适应知识经济时代的发展变化。

徐华（2010）认为，产业协同发展的实现需要采用有针对性的产业政策，即产业政策需要根据产业发展机制的要求来进行设计。

刘澄等（2011）认为，产业政策是引导、保障和促进战略性新兴

产业健康发展的重要手段，发挥好产业政策的作用有利于加快培育发展战略性新兴产业，推进产业结构调整，转变经济发展方式。

董树功（2013）认为，通过资源转移和市场共享，战略性新兴产业与传统产业将实现协同共赢。

杨萍（2014）从政策协同机制、人才协同机制、金融协同机制等方面提出了促进战略性新兴产业和传统产业协同发展的路径选择。

余明桂等（2016）认为，实施产业政策有助于促进相关行业中的企业发明专利量的增加，提高企业的创新能力。

周楠等（2023）提出，京津冀三地应明确各自功能定位，破除创新资源要素流动壁垒；加强沟通协调，共同推动科技创新协同政策的实施。

戴枫等（2023）采用多期双重差分模型，研究了国家自主创新示范区与区域一体化双政策协同（以下简称“双政策协同”）对城市技术创新的影响。研究表明，双政策协同的实施能显著提升城市的创新水平。

第三，聚类#8 的标题是协同发展（轮廓值为 0.981），包含“现状”“对策”“京津冀”等子聚类。区域协调发展是实现中国式现代化的重要支撑，京津冀协同发展则是区域发展总体战略中的重要一环。2015 年 4 月，中共中央政治局会议审议通过《京津冀协同发展规划纲要》，从整体上将京津冀地区定位为区域整体协同发展改革引领区。

祝尔娟等（2016）提出，应从产业转型升级、产业转移对接和产业协作发展这三个方面推进京津冀产业协同发展。

邬晓霞等（2016）提出，京津冀三地产业协同的发展模式包括共建产业转移园区、产业搬迁、跨区投资设立公司等三种。

方创琳（2017）认为，京津冀城市群协同发展的真正内涵是推动城市群实现规划协同、产业协同、市场协同、科技协同、金融协同、信息协同等，从而建设协同发展共同体。

毛汉英（2017）认为，京津冀协同发展过程中必须处理好公平与效率的关系、人与自然的关系。

李国平（2017）分析了京津冀产业协同发展的现状并指出，京津冀产业协同发展需要创新支撑，需要创新链和产业链的有效连接。

孙瑜康等（2021）认为，京津冀协同创新的关键在于充分发挥北京科技创新对京津冀城市群的辐射带动作用。

叶堂林（2023）指出，京津冀产业协同应从制定产业协同发展专项规划、完善政府间产业协作联动机制、鼓励重点产业链与主要创新链深度融合、改善区域全产业链布局的基础环境与服务配套等方面来进行提质增效。

第四，聚类#7 的标题是二次创业（轮廓值为 0.967），包含“指标体系”“评价”“发展策略”等子聚类。2001 年，科技部提出科技园区“二次创业”的口号，“二次创业”时期也是我国科技园区发展的关键时期。

梅姝娥等（2004）针对“二次创业”时期科技园区发展的特点，设计了科技园区发展评价的指标体系。

巫英坚等（2004）提出“二次创业”时期科技园区的体制、机制和政策问题，并明确将区域创新体系的建设作为科技园区“二次创业”的核心内容。

张忠德（2005）认为，我国科技园区在“二次创业”阶段存在的问题包括：部分科技园区发展止步于外延扩张阶段，制度创新进展缓慢，区域创新体系尚未建立，等等。

韩伯棠等（2005）提出，科技园区在“二次创业”中，可以通过创新管理体制和运营机制、构建区域创新体系、培育产业集群等方法，发挥园区资源优势，逐步实现科技园区的“五个转变”，从而达到利用高新技术改造传统产业的目的。

沈伟国等（2007）认为，科技园区“二次创业”的实质是通过自主创新实现自主发展。

朱美光（2008）通过深入分析我国科技园区发展的制度保障和环境基础，提出了我国科技园区的发展路径：促进高技术产业与资本市场结合，加速高技术跨越式发展；鼓励自主创新和技术合作，加速高技术产业创新“内生化”；以主导产业为主，促进产业集聚和高新技术产业结构优化。

第五，聚类#10 的标题是产业集群（轮廓值为 0.933），包含“创新”“知识溢出”“区域经济”等子聚类。科技园区产业集群促进了新知识和新技术的传播，推动知识溢出，提高企业技术创新能力，带动区域经济发展。

匡致远（2000）认为，产业集群能促进科技园区竞争优势的提升，并提出我国科技园区今后的发展思路也应以产业集群为导向。

谢永琴（2004）提出，产业集群在空间集聚上有三个方面的优势：产生外部经济、降低交易成本、创新。

俞凯华（2006）指出，产业集群的发展是高新区实现可持续发展、提升高新技术产业竞争力的重要途径。

薛伟贤等（2009）认为，我国在发展高技术产业集群中应大力发展主导企业、注重对企业家的培养、发展现代服务业、官产学研相结合。

王缉慈（2011）认为，产业集群是企业间通过知识的互动实现创新，创新集群是未来产业集群发展的必然方向。

陈晓红等（2013）指出，创新集群以创新能力的提高为载体，创新是实现产业转型或升级的关键因素。

石明虹等（2013）认为，战略性新兴产业集群式创新的内在动力主要来自创新收益的吸引力、创新成果的推动力、创新文化的号召力和企业高层的领导力等方面。

苏文松等（2020）深入分析中关村科技园区智慧产业集群演化过程背后的动力因素后发现，中关村科技园区智慧产业集群的演化呈现“一核多园”的先政策引导、后自然溢出的协同发展格局。

（三）关键词突现分析

关键词突现可以反映某一领域研究的热点，预测该领域未来的发展趋势。从本书中主要关键词的突现年份来看，“协同创新”和“京津冀”均出现在2014年，且突现性较高（见表3-4）。

表3-4 主要突现关键词

排序	突现性	关键词	突现年份
1	15.33	协同创新	2014
2	15.11	京津冀	2014
3	14.23	科技园区	2003
4	9.69	产业集群	2006
5	8.90	协同集聚	2016

资料来源：笔者通过CiteSpace软件计算而得。

2014年2月，习近平总书记在北京主持召开座谈会，明确将实现京津冀协同发展战略上升为重大国家战略，强调“要坚持优势互补、互利共赢、扎实推进，加快走出一条科学持续的协同发展路子来”。随后，京津冀协同发展领导小组成立，统筹指导推进京津冀协同发展工作。

自此，有关京津冀地区尤其是京津冀协同发展的研究呈现“井喷式”增长，研究的主要领域集中在京津冀协同发展、协同治理、协同创新等方面。

孙久文（2014）认为，京津冀产业协同发展过程中既要做好产业间协同分工，也要做好产业内协同分工。

徐继华等（2015）从生态、产业、交通、公共服务等角度出发，提出构建京津冀“四位一体”的区域治理模式。通过构建生态利益补偿机制、产业开放协作机制和产业集聚机制、区域交通一体化机制以及教育一体化发展机制等，推动京津冀区域的协同治理。

薄文广等（2015）深入研究并分析了京津冀协同发展中面临的挑战与困境后认为，如果三地产业结构的差异、经济发展的不平衡、协同治理机制和利益协调机制的不完善等继续存在下去，将导致“三者共输”局面的出现。

邬晓霞等（2016）指出，京津冀三地产业协同发展模式包括共建产业转移园区、产业搬迁、跨区投资设立公司等三种。

王得新（2016）提出，京津冀协同发展中存在的问题包括三地产业梯度差距较大、国家区域政策差异较大、市场化程度较低等，并认为可以通过全面深化改革、实施区域制度创新等来推进京津冀协同发展。

崔丹等（2019）认为，北京、天津、河北是京津冀协同发展中的关键层级而非全部。在京津冀区域协同治理中，应调整京津冀产业转移、经济协同、生态治理的尺度，将之扩大到华北、环渤海地区乃至全国这样的尺度和范围内。

党的十八大以来，中央为推动跨区域协同发展，相继布局了京津冀协同发展、长江经济带建设、粤港澳大湾区协同发展等国家区域发展战略。为更好地引领、支持区域协同发展目标的实现，协同创新成为区域协调发展中的重要力量。

陈劲（2012）认为，协同创新是以知识增值为核心，企业、政府、知识生产机构（如大学、科研单位）、中介机构和用户等为实现重大科技创新而开展的大跨度整合的创新组织模式。

张亚明等（2014）认为，可以通过树立大区域全局观念、完善科技资源共享的制度体系、建立区域利益补偿与协调机制度等来促进京津冀地区的协同创新。

鲁继通（2015）提出，应做好京津冀区域协同创新整体规划，搭建区域协同创新合作平台，打造区域创新软环境，推动科技创新各领域的深度合作，建设区域协同发展创新共同体。

李京文等（2015）认为，应转变阻碍京津冀一体化发展的观念，加强政府和社会的合力与互动，实现资源、市场和信息的共享，找准定位、调整战略，促进京津冀协同创新发展。

孙瑜康等（2017）认为，当前，京津冀协同创新中主要存在创新要素流动不足、创新软环境质量提升缓慢、产学研一体化程度低、北京创新溢出和带动作用不强等问题。基于此，这些学者提出，京津冀协同创新过程中应优化市场环境，促进人才要素流动，加强企业创新主体地位，加强创新链与产业链对接，发挥北京对天津、河北两地的创新溢出和带动作用，等等。

张贵等（2017）认为，协同创新是京津冀协同发展的内在动力，对此应分别建立并完善以企业、政府、研究机构这三者为核心的协同创新网络链条，打造京津冀协同创新共同体。

王欢芳等（2018）提出，可通过打造共享中心、推进区域互联互通、加强创新风险管理、完善规划调整等方式，促进战略性新兴产业的协同发展。

从突现强度来看，科技园区位居第三，其突现强度为14.23；突现年份为2003年，于2011年出现下降趋势。2003年，科技部发布的《中关村园区二次创业的战略思考》指出，中关村科技园区正逐步成为科技人才的创业栖息地和高新技术企业的聚集地。自2003年起，在对科技园区的研究中出现了较多关于中关村科技园区的探讨，主要集中在中关村科技园区的产业集群、创新网络、创新能力等方面。

张铁山等（2003）依据中关村科技园区拥有的创新资源指出，中关村科技园区应实行以自主创新为主的技术创新战略。

李红升（2003）、刘玲等（2003）认为，中关村科技园区的建设将促进北京大都市多中心格局的形成。

苏文松等（2020）认为，中关村科技园区智慧产业集群有生产要素驱动、产业平台驱动、商业地产企业驱动等三种集聚模式。

李文静（2006）指出，中关村科技园区可以通过明确园区核心产业、围绕主导产业建立筛选机制、健全社会化服务体系等方式，培养特色产业集群并打造园区的品牌形象。

高雪莲（2009）研究了中关村科技园区高科技产业集群的衍生效应。研究结果表明，衍生效应能够加强集群内企业间的技术联系和技术扩散，从而改变产业集群的技术基础，推动整个产业的技术进步。

龚玉环（2009）基于复杂网络结构视角分析了中关村科技园区产业集群的发展历程，并发现资金、人才、新创作企业、政府择优连接机制等是网络结构变迁的主要原因。

傅首请（2010）提出，中关村区域创新网络是以科研机构知识创新为基础，以企业技术创新为动力，以政府环境建设和专业化中介为支撑，动态发展、具备较强自组织和自我学习能力的区域创新网络，是区域创新要素资源的投入产出转化器，用以实现各类创新主体要素的协同创新和高效产出。

马成文等（2012）经过深入研究和分析后得出结论：应通过加强政府调控、创新机制体制、构建创新网络等方式促进中关村科技园区信息产业集群的发展。

郭万超等（2012）运用创新网络理论和企业集群理论，分析了中关村科技园区内高新技术企业的发展现状和存在问题并提出，应通过加强政府服务职能、更新高新技术企业创新观念、推动中介机构发展、建立可持续发展的创新机制、构建完善的信用体系等方式，完善中关村科技园区的高新技术企业集群创新网络。

郭洪（2014）认为，中关村科技园区拥有我国最丰富的创新资源，开展跨区域合作不仅能增强其自身创新能力，而且能极大地提升区域间协同创新水平。

蒋海军（2016）依据跨区域创新网络理论模型，深入研究了科技园区推动跨区域创新合作的基本原理。研究结果表明，目前中关村科技园区推动京津冀协同创新过程中的主要问题包括：各类创新主体间的对接协作错位，京津冀协同创新链条尚未形成，京津冀跨区域协同创新网络运行机制受限，津冀两地协同创新的支撑环境差距大，等等。

董慧梅等（2016）认为，中关村科技园区高新技术产业集群作为区域发展的重要组织形态，其技术创新扩散能力正逐步成为促进社会及企业整体创新水平提高的加速器。可见，保持创新扩散网络的稳定发展对区域经济的发展至关重要。

胡海鹏等（2018）利用社会网络分析与空间分析相结合的方法，研究了中关村科技园区产学研内部、外部合作创新网络的时空演化特征。研究结果表明，中关村科技园区产学研内部合作网络逐步复杂并形成显著的“中心-边缘”网络模式；与此同时，其外部合作创新网络的

外向演化趋势明显，以 2013 年为例，该趋势对我国东中西部均产生了强大的辐射带动作用。

赵彩云等（2023）认为，中关村科技园区各分园的创新能力差距较大，对此应根据各园区的优势领域和特色，通过协同合作加快推动中关村科技园区创新网络的发展。

五、文献综述

（一）科技园区的研究综述

CiteSpace 的研究结果构建了科技园区和产业协同研究成果的基本框架，但对具体研究内容的梳理还需要结合传统的文献梳理等方法进行分析。随着科技园区在我国的发展日益兴盛，国内关于科技园区的研究成果也日趋丰富。总体来看，国内学者主要从发展阶段、发展评价、发展对策等方面对科技园区进行了研究，取得了丰硕成果。

1. 科技园区的发展阶段研究

国内关于科技园区的发展阶段研究主要从以下两个方面展开。

第一，从时间角度对科技园区的二次创业阶段、三次创业阶段进行的研究。2001 年我国加入世界贸易组织（WTO）后，改革开放事业得到了进一步发展，但科技园区的高新技术产业仍处于加工制造业的价值链低端。为此，科技部提出“二次创业”的理念。目前，学者们主要将科技园区的演进历程划分为三个阶段。

王胜光等（2018）将我国科技园区的发展划分为一次创业阶段（1998—2000 年）、二次创业阶段（2001—2010 年）、三次创业阶段（2011 年至今）。

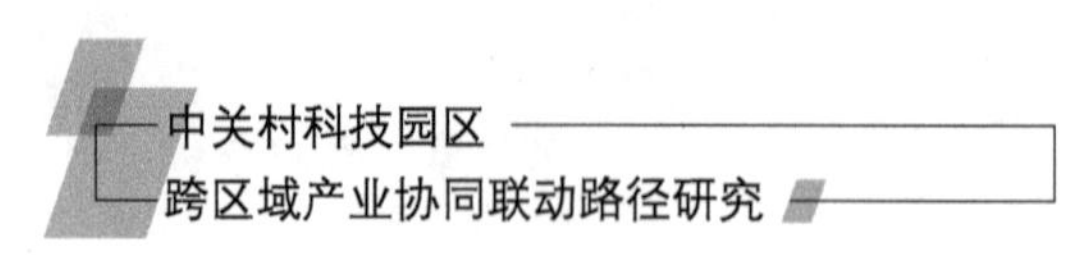

马淑燕等（2022）根据不同时期的国家政策导向，将我国科技园区的发展划分为三个建设阶段：初创阶段（1998—2000 年）、二次创业阶段（2001—2012 年）、战略提升阶段（2013 年至今）。

刘洋（2021）将我国科技园区的发展演化分为三个阶段：探索初创期（1998—2000 年）、巩固提升期（2001—2012 年）、转型发展期（2013 年至今）。

刘根荣（2002）指出，在科技园区内建立健全一个功能合理、配套完善、有机的支撑服务体系，是营造科技园区良好投资环境、推动高新区产业发展、实现科技园区二次创业目标的重要保证。在 2006 年 1 月的全国科技大会上，我国提出：建设创新型国家的核心是把增强自主创新能力作为发展科学技术的战略基点，把自主创新作为国家战略。在自主创新的浪潮中，科技园区必须大力推进以提升自主创新能力为核心的二次创业发展策略。

田雪等（2007）认为，二次创业阶段科技园区创新能力的发展中主要存在以下一些问题：创新能力低于外国科技园区，科技园区功能异化，科技园区企业创新能力不足，科技园区创新能力成长性优势不明显，科技园区企业市场竞争力下降，科技园区规模效益不佳，等等。

赵大平等（2007）提出，简单的产业集聚不能提高中国科技园区的自主创新能力，符合需要的产业集聚应建立在市场充分发育的基础上。

薛捷等（2007）在创新链和产业链分析的基础上提出，科技园区创新能力的培育、形成和拓展，与科技园区基础支持系统、发展支持系统、政策支持系统等的建设水平息息相关。

刘会武（2018）认为，科技园区“三次创业”的核心内涵是营造创新创业生态，形成创新支撑发展、产城高度融合的创新经济体。

王德禄（2019）提出，科技园区三次创业阶段的核心是通过硬科技创业或者前沿科技创业实现高质量发展，从而真正实现技术上的自主可控。

第二，根据科技园区不同时期的发展特征对科技园区进行的研究。

周元（2003）借鉴国外学者波特对国家发展阶段的划分，将我国科技园区的发展划分为要素群集阶段、产业主导阶段、创新突破阶段和财富凝聚阶段等。

吕政等（2006）认为，科技园区在阶段转化的过程中，存在体质惯性、原有发展路径依赖、价值链低端锁定、企业“扎堆”、边界“阴影”等界面障碍，并提出一系列思路来破解这些界面障碍。

沈伟国等（2007）从产业发展和功能转变的角度，将我国科技园区的发展阶段分为要素空间集聚、主导产业强化、创新生态演进、区域联动辐射等四个阶段。

唐琼（2011）在周元（2003）研究的基础上，以区域创新的视角，把科技园区演化的路径划分为要素聚集、产业主导、创新突破及产业转移、财富聚集与创新要素扩散等四个阶段。

谭谊等（2012）认为，创新能力是鉴别科技园区发展阶段的重要因素，并以创新能力的定量评估和差异化分析为基础，将全国 35 个主要科技园区划分为要素集聚阶段、产业集群化发展阶段和创新驱动阶段。

解佳龙等（2016）根据种群生态学理论中的逻辑斯谛曲线，将科技园区的发展分为要素群集、产业主导、创新突破、辐射联动、衰退/再创等五个阶段。

2. 科技园区的发展评价研究

大多数学者衡量科技园区发展水平时均通过模型构建评价指标体系

的方法，所选取的测度方法主要有层次分析法、因子分析法、数据包络分析法、模糊综合评价法等。

张伟等（1998）基于因子分析法，综合评价了我国国家科技园区的发展水平。

吴林海（2001）采用指标体系的层次分析方法，从创新资源投入能力、研发孵化能力、技术扩散能力、创新主体能力等四个层面衡量科技园区的技术创新能力。

杨青等（2002）构建了科技园区服务体系的模糊综合评价模型，以评价科技园区的服务水平，并进而评价科技园区的可持续发展能力。

王艺明（2003）采用数据包络分析（DEA）的方法，对高新区的技术效率、配置效率、规模效率等进行了评估和比较。

董秋玲等（2006）构建了科技园区技术创新能力评价指标体系，运用多层次灰色评价法对我国西部 13 个科技园区的技术创新能力进行了综合评价与分析。

张英辉（2009）采用 BP 神经网络①的方法构建科技园区竞争力评价模型，并对河北省 10 家科技园区的竞争力进行了分析，从而为培育和提升科技园区竞争力提供了依据。

刘鹤（2009）从科技园区的运行效率入手，建立了我国科技园区运行效率的评价指标体系，并应用因子分析法和层次分析法对科技园区进行评价。评价结果显示，有些综合实力较强园区的运行效率却不高，高投入并没有带来高产出。

王永宁等（2009）深入研究分析了影响我国科技园区发展的因素，并运用层次分析法构建科技园区评价体系，以明确我国科技园区的发展

① BP（Back Propagation）神经网络是一种按误差逆传播算法训练的多层前馈网络，是目前应用最广泛的神经网络模型之一。

重点，从而为推动科技园区健康发展提供依据。

王磊等（2010）构建了科技园区人才政策指标体系，运用模糊分析等方法，对环渤海10个科技园区进行了人才政策评价研究。

肖振宇（2011）选取了宏观环境、基础设施和管理运营等3个方面共13项竞争力因素，作为评价科技园区竞争力的指标体系。同时，运用层次分析法和专家评分法对苏州、无锡地区5家科技园区的竞争力进行了评价分析。

苏林等（2013）运用模糊层次分析法，对张江高新区的产城融合度进行了综合评价。

陈洪转等（2013）从投入产出的角度建立了效率评价指标体系，并运用数据包络分析的方法对我国科技园区的投入产出效率进行了实证分析。研究结果表明，我国科技园区的效率总体而言还不高。

方玉梅等（2014）将科技园区创新能力解构为环境支撑、组织运行、创新投入、创新产出等四个维度，并基于该四个维度选取了4项一级指标、9项二级指标、18项三级指标，以构建科技园区的创新能力评价指标体系；同时，采用熵值法对我国53个科技园区的创新能力进行评价分析。

刘瑞明等（2015）运用双重差分法深入研究科技园区对地区经济发展的影响。研究结果表明，科技园区不仅可以驱动区域经济发展，促使其合理布局，而且有助于缩小地区经济发展中的差距。

张同全等（2017）基于山东省8个科技园区的统计数据，从科技园区“投入–产出”和创新人才满意度这两个方面，运用多元统计分析和模糊聚类分析，对山东省科技园区创新人才开发政策的实施效果进行了评价。

寇小萱等（2018）构建了区域科技园区创新能力评价模型，运用数据包络分析法，分析比较 2014 年京津冀、长三角、珠三角等地区的科技园区创新能力。研究结果显示，京津冀地区科技园区的极化现象明显，北京科技园区和河北科技园区在创新综合效率方面的差距很大。

李庆军等（2018）构建了 5 个维度、25 个指标的科技园区创新能力评价指标体系，并借助层次分析法确定指标权重，借助模糊综合评价法评估科技园区的创新能力。

白素霞等（2021）基于数据包络分析方法，对我国科技园区高新技术产业的创新效率进行了评价。

梁向东等（2021）以全要素生产率来衡量地区创新水平，并应用“多期倾向匹配-双重差分法”来分析、评估自主创新示范区的创新驱动效率。

3. 科技园区的发展对策研究

就这一点而言，学者们多从国家战略、区域协调等层面对我国科技园区的发展提出对策建议。

李向东等（2002）借鉴硅谷的成功经验提出科技园区发展的路径，认为科技园区的发展需要出台吸引和留住人才的政策措施，建立与完善风险资本退出机制，建立健全法律法规。

贺巨兴等（2004）结合时任科技部部长徐冠华对科技园区发展提出的具体目标，认为科技园区要解决好创新、体制、空间、投融资、信息化、服务体系、国际化、人才等八个方面的问题。对此，可以通过建立适应区域经济发展的创新体系、创新管理体制、开辟科技园区发展空间、完善投融资体系、打造数字科技园区、健全中介服务体系、实施人才强国战略等措施加速科技园区发展目标的实现。

盖文启等（2004）通过对比分析美国硅谷地区、英国剑桥工业园、印度班加罗尔等三个国际知名高技术产业集群，认为我国科技园区应通

过促进创新型中小企业集聚、促进人才资源开发与集聚效应产生、完善区域创新体系、促进官产学研密切协作、构建有效的集群外部网络关系、建立健全风险投资机制、提高金融服务水平等措施，建设完善高新技术产业集群。

叶春阳等（2007）通过对科技园区自主创新平台类型与特征的分析，从整体功能和具体功能角度分析了构建科技园区自主创新平台对区域自主创新的作用，并提出了科技园区自主创新平台的建设路径。

陈家祥（2009）根据国家建设科技园区的战略目标，提出科技园区应该坚持城市化、集聚化、内外资并重等三大战略路径，并积极实施产业集聚与优化、总部基地经济建设等战略，推进科技园区功能的持续发展和提升。

王树海等（2009）深入分析了科技园区的历史数据，总结了科技园区的发展成就和现状，指出科技园区建设应以产业集群为导向，并提出通过完善要素流动及竞争合作机制、完善政府机制、完善技术创新机制等做法提高科技园区的核心竞争力。

李小芬等（2010）基于硅谷和玮壹科技园区的比较分析，认为我国科技园区可以通过建立园区成员的信任网络、配套提供诸多交流途径等做法，提高科技园区的创新能力创造水平。

刘京等（2016）认为我国科技园区存在的主要问题是自主创新能力弱，并认为可以通过创新治理模式、改善企业的创新决策、培育企业自主创新文化等做法推动科技园区自主创新能力的提高。

李张珍（2016）总结了北卡三角研究园的建设经验，提出我国科技园区在产学研协同创新中应充分发挥政府的作用，构建非线性、网络化的大学-企业混成的组织结构，构建有利于研发和应用的协同机制。

党兴华等（2016）以陕西省科技园区作为研究对象，立足区域协同视角，提出陕西省科技园区应促进各园区协同创新，充分利用当前良好的政策环境，促进资源跨区域流动。

刘俊等（2018）认为，集聚和扩散是创新驱动下高新区的核心功能，对此可以通过深化创新制度改革、加强创新环境建设、加强创新型人才队伍建设、注重创新平台建设等做法实现高新区的集聚与扩散。

陈旭东等（2022）对京津冀三地科技园区协同创新情况的研究结果显示，2014—2019 年京津冀三地科技园区协同创新关系不稳定，对此应破除行政壁垒，构建跨区域合作治理模式与利益共享机制，推动特色产业集群形成。

马宗国等（2023）选择了 6 个世界领先科技园区作为研究案例，基于政策维度、企业维度、产业维度、人才维度、环境维度、开放维度等深入分析了世界领先科技园区的创新路径与发展经验，提出我国科技园区应立足资源禀赋与产业定位，打造世界一流的创新生态。

（二）产业协同的研究综述

近年来，随着区域协调发展战略的提出和国内城市群一体化的快速发展，产业协同也得到了越来越多的关注。当前，国内学者多从产业协同的内涵、测算方法和影响因素等方面对这一问题进行研究。

1. 产业协同的内涵

随着我国经济水平的不断发展，国内外学者已从多个角度对产业协同的内涵展开研究，从而为进一步深化产业协同的理论研究提供了有益的借鉴。产业协同的理论可以追溯到哈肯的协同理论。哈肯于 1971 年同他的学生合作发表了《协同学：一门协作的科学》一文，首次提出协同的概念。接下来，哈肯通过出版《协同学导论》和《高等协同学》等著作丰富、完善了协同理论，并运用协同理论来解决生态、物理等方面的问题。此后，协同理论被广泛运用于社会学和经济学的研究之中。该理论认为，任何一个系统内的子系统之间的相互连接和互动决定了该系统的整体行为，从而形成协同效应。

国内学者大多基于经济学的立场，提出了产业协同的定义。

徐力行等（2007）认为，产业协同是指在开放条件下，各产业或产业群作为国民经济运行的子系统，通过相互协调、合作形成宏观有序结构的过程。已有对产业协同的研究，主要反映在产业结构合理化等方面。从方法论上来说，当前绝大部分的研究还属于静态研究。然而，协同是系统自组织的动态概念，国民经济各产业之间时刻处于动态平衡和失衡的交替当中。因此，有必要以动态的分析方法来探究产业结构在运动中的平衡条件。

赵双琳等（2009）认为，在我国区域战略调整的背景下，产业是区域之间各种经济联系的载体，产业协同是区域间经济协调发展的核心。

陈宜海（2017）认为，产业协同是指：各产业或者产业群作为国民经济的子系统，通过相互协调、合作而形成的有序结构。

李若朋等（2004）认为，产业是一个复杂的分工网络，产业协同问题其实是复杂分工网络的协调问题。同时，这些学者将产业协同模式分为层级分解和知识同化这两种。

胡大力（2006）在分析产业协同性与集群竞争优势的关联机制后认为，产业协同是指集群内的企业在生产、营销、采购、管理、技术等方面相互配合、相互协作，从而形成高度的一致性或和谐性。

李辉等（2006）深入剖析了产业集群的协同效应，并对产业集群的协同效应进行了定义，认为集群系统能产生促进集群系统本身、集群子系统以及集群系统环境等提高效率、良性发展的有利影响。它集中表现为集群的成本优势和创新优势。可以说，产业集群在产品的生产率、市场占有率、出口量等方面表现出的竞争力以及对区域经济的贡献和带动作用，归根结底是其协同效应的结果。

吴晓波等（2006）认为，可以通过生产协同、管理协同、市场协同等方式实现产业协同。其中，生产协同包括产品协同、设备协同和生产工艺协同等。

赖茂生等（2009）从产业整合的角度提出了产业协同的定义：产业协同不是一般意义上的产业整合，而是一种广义的产业整合。他们指出，产业整合目的不是简单地将多个产业归并在一起，而是要通过协同发展使这些产业更好地发挥关联作用和聚集效应，节约产业管理成本和产业自身发展的成本，避免因无序竞争而导致的高成本和低收益，从而最大限度地发挥各个产业的合力，实现产业间的优势互补。

张淑莲等（2011）认为，产业协同是指：在某地区形成区域产业，其中的各产业或产业集群通过分工协作形成有序的产业结构或者完整的产业链，从而形成区域内产业竞争力“1+1>2”的整体效应。

王兴明（2013）认为，产业协同发展体系包括企业间协同、产业间协同、产业主体间协同、产业的地理空间区域协同等四个方面，只有做到四位一体的全局协同性，才能在真正意义上实现产业协同。

2. 产业协同的测算方法

目前，国内学者主要采用数据包络分析、指标体系构建、区位熵、灰色关联度、多层级耦合协调等方法测算产业协同度。

刘雪芹等（2015）基于数据包络分析法，对京津冀三地的产业协同创新能力进行了评价。

刘怡等（2016）运用区位熵灰色关联度分析法，计算了 2015 年京津冀 13 个城市和 11 个行业的灰色关联度，并对京津冀地区各城市和各行业的产业发展状况进行了评估。在此基础上，从发展特色产业、强化协同机制、加强中央统筹等三个方面对京津冀的产业协同发展提出了政策建议。

魏丽华等（2018）基于产业协同的五个影响因素（协同空间、协同成本、协同能力、协同制度、协同创新）构建了京津冀产业协同指标体系，并以此测算京津冀地区的产业协同度。

陈燕等（2018）通过对粤港澳大湾区城市间和行业间的灰色关联度进行分析，得出以下结论：零售商业服务、文化旅游业、信息技术和制造业是未来产业协同发展的方向。

目前，建立模型来研究产业协同度的做法较为普遍。例如：张羽等（2019）借助复合系统协同度模型，计算了粤港澳三个子系统的产业发展有序度以及粤港澳大湾区的产业发展协同度。张淑莲等（2011）计算并测度了京津冀地区的高新技术产业系统与创新环境系统的协同程度。李健等（2018）基于耦合协调模型，以 2010—2015 年京津冀工业产业为研究对象，通过选取京津冀三地工业中的优势产业，设定了三个层级的耦合协调评价指标体系。其研究结果显示：京津冀三地之间存在高位优势产业的重叠；三地在不同层级上均表现出高耦合、低协调的状态；津冀地区是京津冀工业产业协同发展的下限，制约着京津冀产业协同发展的提升。李小玉等（2022）在分析长江中游城市群数字经济产业发展的基础上，运用耦合协同度模型，对长江中游城市群数字经济产业的协同发展水平进行了评价。

王长建等（2022）从产业协同创新、环境协同治理、服务协同共享和制度协同等四个维度构建了协同发展评价指标体系，综合运用“流”空间、大数据、网络分析和连锁网络模型等理论与方法，对城市之间的相互关系、流动性、连通性和边界效应等进行了量化分析。

孙浩进等（2022）先以2017年和2019年成渝经济圈的行业就业人数和投入产出表为基础，明确了成都和重庆两市各自吸纳就业人数相对较多的产业；再通过产业影响力系数和感应度系数，考察了成渝经济圈的主导产业以及产业之间的协同程度；在此基础上，为促进成渝经济圈的产业协同发展指出了具体路径。

高京燕（2022）从产业政策评估和产业协同度评估的角度，采用文本分析、灰色关联分析等方法对粤港澳大湾区的产业发展状况进行了研究。研究发现：在粤港澳大湾区中，内地9个城市的产业规划总体合理，但在主导产业选择、产业目标制定、整体规划布局等方面仍有加强、完善的空间。此外，粤港澳大湾区的城市产业布局和发展较为粗放，产业结构相似程度较高、同质化特征明显。

刘冲等（2023）基于投入产出表，从产业布局、产业分工和产业联系与融合等多个方面对京津冀地区的产业协同度进行了测算。

徐春光（2023）基于新发展格局，构建了涵盖数字产品制造业、数字产品服务业、数字技术应用业、数字要素驱动业、数字化效率提升业等五个维度的数字经济产业协同发展评价指标体系，并以此对2010—2021年中国数字经济的产业协同发展水平进行了测度。

杨道玲等（2023）从区域协同潜力、协同行动和协同效果等三个方面，通过引入多维度大数据与传统统计数据相结合的研究方法，构建起一套区域产业协同指标体系，并对京津冀地区的产业协同情况进行了评价。研究结果表明，自京津冀协同战略实施以来，三地的产业协同发展得到了有力推进，区域经济总体发展平稳，但在互联互通、要素使用效率和创新扩散等方面仍存在不足。

3. 产业协同的影响因素

目前，学术界多基于区域协同的视角分析产业协同的影响因素。

高峰等（2008）从产业协同集聚的效应出发，认为影响产业协同集聚的因素主要包括地理因素以及中心城市的辐射、外商直接投资水平、国有经济状况、工资水平、知识密度、经济规模等因素。

孙久文等（2014）认为，京津冀产业协同具备独特而雄厚的区位交通优势、资源优势和产业优势。同时不可否认的是，京津冀产业协同发展过程中还存在各种问题，如资源短缺、“城市病”和城市辐射能力不足、经济发展动力减退、尚未形成清晰的产业链、缺乏合作理念和合力、存在“极化”现象等。

孙虎等（2015）通过分析京津冀产业协同中产生的问题，得出京津冀产业协同中的主要影响因素，包括区域发展价值取向、市场机制、津冀两地的承接能力、协同发展机制等。

刘雪芹等（2015）在京津冀协同发展战略上升为重大国家战略的背景下，深入分析了京津冀产业协同的基础并指出，京津冀协同发展的根本动力在于创新驱动。协同创新特别是产业协同创新则是创新驱动的核心所在，是提高区域核心竞争力、转变经济发展方式的新型创新模式，是破解京津冀区域发展瓶颈、建设世界级产业创新中心的必然选择。

李琳等（2014）在深入分析区域经济协同发展的内涵与特征后认为，区域经济协同发展的主要驱动力为区域比较优势、区域经济联系和区域产业分工。

苏文松等（2017）认为，京津冀城市群高科技园区的深度融合程度决定了三地协同发展的质量和深度，并在此基础上提出了促进三地科技园区协同发展的五种动力机制。

张明之（2017）认为，区域产业协同的演进受相关因素相互作用的影响，如国家发展战略与区域产业政策的调整、市场需求之结构与水平的变化、市场竞争压力的变化等。

孙彦明（2017）认为，京津冀区域与我国长三角、珠三角以及欧美日等的都市经济圈相比，其产业协同发展在体制机制、系统动力等方面存在还存在瓶颈制约因素，具体表现为市场体制改革不到位、市场机制弱化、统筹规划和协调机制缺失、政府职能错位等。

向晓梅等（2018）提出，区域产业协同发展实质上是对区域内不同地区所具有的各种因素和条件的选择，包括资源禀赋、区位优势、经济因素、科技因素以及人文社会因素等，它们共同构成了影响区域产业协同发展的基础性条件。其中，资源禀赋是最为基础的影响因素，然后是地理位置和基础设施等的状况。经济因素包括经济发展水平、产业结构及发展水平等，而产业结构及发展水平又是区域之间进一步合作、实现优势互补和协同发展的基础。

王金杰等（2018）认为，随着京津冀协同发展战略的深入推进，北京地区在新一轮城市功能调整和产业发展规划的指引下，其制造业将进一步转移。因此，以北京为中心的制造业转移和集聚是未来京津冀地区产业协同的核心所在。

颜廷标（2018）提出，在推进京津冀地区产业协同的过程中，先要重视完善产业协同发展机制，破除行政壁垒，推动形成分工协作、优势互补、空间优化的京津冀区域产业体系。

陈曦等（2018）认为，产业协同的区域差异主要受制度和政策、信息传输能力、经济发展水平、制造业劳动力供给和交通设施水平等因素的影响。

初钊鹏等（2018）基于协同学理论提出，发挥区位优势、优化产业布局、调整产业结构和培育产业集群是京津冀地区产业协同的基础保障。换言之，京津冀地区应通过各子系统的协同共生，合力推进产业协

同发展由无序至有序、由初级到高级的动态演变，推动形成互惠共生、合作共赢的产业分工与协作机制。

张学良等（2018）认为，推动长三角产业协同过程中要做好规划引领，制定好产业规划的协调和后评估机制，以产业集群组织助力培育世界级的产业集群，积极发挥开发区的平台作用，从而形成基于产业链的合理分工体系。

高怡冰（2020）认为，在要素驱动、技术驱动和体系驱动下，协同创新将从初级阶段向高级阶段演进，从而形成区域协同创新共同体。

孙久文（2024）认为，随着传统产业的改造升级和新兴产业的成长壮大，以数字经济赋能产业融合、平台型产业共同体的打造以及产业转移和再布局，将成为区域产业协同发展的新动能。

（三）有关科技园区产业协同的文献综述

国内对于科技园区产业协同的研究相对较少，相关学者对此的研究大多集中于临近科技园区间的优势互补等领域。

陈雅兰等（1999）对我国东南沿海地区的高科技园区和我国台湾地区的高科技园区进行比较分析后指出，前者应利用后者在电子信息业发展方面明显的比较优势，并借助我国香港地区的信息、资金及国际市场的辅佐，以园中园的方式建立“海峡两岸协同发展”的高科技园区。

庄裕美（2000）通过分析两岸关系中的现实数据，从经济区域化发展、台商的投资、两岸直航优势、两岸技术资源优势、两岸科技园区发展过程中的雷同性等方面，研究了两岸科技园区在高技术产业协同发展中的可行性。

边慧夏（2015）运用社会网络分析法，对上海市普陀区科技园区的整体协同情况、协同程度、协同控制能力和协同发展态势等进行了研究。研究发现：该科技园区内部企业间的联系次数较少，园区之间协同程度较低，产业互动不明显；园区企业的合作伙伴多位于上海之外的其他地区；等等。

秦智等（2016）在高铁经济带建设的背景下，以粤桂黔高铁沿线7个科技园区2014年的15项指标数据为例构建了灰色关联度模型，以实证研究上述科技园区间的产业关联。研究结果表明，我国东西部高铁沿线科技园区的产业发展水平尽管存在梯度差别，但相互联系还是比较紧密的。因此，东西部高铁沿线科技园区应抓住历史机遇，实现其产业的协同发展。

苏文松等（2017）基于产业集群的经典理论，研究了京津冀城市群高科技园区协同发展的动力机制与合作共建模式。

（四）文献述评

综上，国内学者关于科技园区和产业协同的研究为本书提供了扎实的理论支撑，但仍存在可进一步拓展的空间。

首先，既有对科技园区的研究多集中于宏观和微观层面，缺少中观层面的研究。就宏观层面而言，既有研究多将我国科技园区之整体作为研究对象，重点研究科技园区发展中存在的问题与对策；就微观层面而言，则多将某一具体的科技园区作为研究对象，强调科技园区的特征，重点研究科技园区的发展模式。与此同时，在中观层面展开的研究较少，即以几个科技园区为例，分析其发展模式、目前存在的问题等。

其次，对产业协同的研究视角尚显单一。既有研究大多以省级或地级市的视角探究跨区域的产业协同问题，鲜有针对科技园区这一重要的产业空间单元如何实现跨区域产业协同联动而展开的研究。事实上，探究科技园区跨区域产业协同联动的作用机理，对于形成具有更强创新力、更高附加值、更安全可靠的产业链与供应链，打造安全自主可控、竞争力强的现代产业体系，推动新质生产力引领产业转型升级和实现高质量发展具有重要意义。

最后，在产业对策方面的研究尚显不足。既有研究较少从产业的角度对科技园区的发展提出建议，在如何从对策上推动科技园区产业协同的研究等方面也显得较为薄弱。

第四章　现状分析

XIANZHUANG FENXI

自京津冀协同发展这一国家重大战略提出以来，产业协同作为京津冀协同发展中需要率先突破的重点领域之一，受到社会各界的高度关注。中关村科技园区作为中国高精尖产业的核心培育载体，在助力京津冀产业协同发展方面的作用也日益凸显。

一、中关村科技园区的发展回顾

中关村科技园区是我国首个国家级的高新科技园区。可以说，中关村科技园区是伴随着我国改革开放的历程而形成和发展起来的。

1978 年 3 月，全国科学大会在北京召开。会上，邓小平同志提出“科学技术是生产力”的口号。1988 年，邓小平同志进一步提出，“科学技术是第一生产力”。

1980 年 10 月，中国科学院物理研究所研究员陈春先经三次考察美国的硅谷和波士顿 128 号公路等知名科技园区和科技廊带后，借鉴美国硅谷的新技术扩散模式，在中关村创办了我国第一家民营科技企业，开创了中关村科技企业的先河。

1984 年前后，中关村地区已经有了一批“下海”的科技人员，他们通过创办民营科技企业的方式，探索将科技成果转化为生产力的途径。

到 1987 年，以“两通两海”（即四通公司、信通公司、科海公司、京海公司）为代表的近百家科技企业已经成立。它们聚集在自白石桥起沿白颐路（今中关村大街）向北至成府路、中关村路和海淀路一带，向东至学院路，形似大写的英文字母“F”的地区，被人们称为“电子一条街”。

1988 年 5 月，国务院批准发布《北京市新技术产业开发试验区暂行条例》。根据该条例，在电子一条街的基础上，以中关村地区为中心，在海淀区划出约100平方千米的区域，建立外向型、开放型的新技术产业开发试验区，实施税收、财政、海关等支持政策，以促进科技与经济的结合。

中关村科技园区作为我国首个国家级高新技术产业开发区及高技术产业发展的先锋领域，致力于探索并实践一种以企业为创新主导力量、系统性整合国内外资源的自主创新模式。在此过程中，涌现出大量具备原生创新能力的高新技术企业群体，同时成功研发出一大批拥有自主知识产权的尖端技术和产品，从而确立了该园区作为我国自主创新能力提升关键区域的地位。

2005年，时任国务院总理温家宝在视察中关村科技园区时指出，中关村科技园区走出了一条中国特色的、以自主创新为核心的高新技术产业发展道路，为全国高新技术产业开发区的发展和改革起了重要的示范作用。

二、中关村科技园区的发展基础

中关村科技园区作为国家自主创新示范区①，科技、人才资源高度密集，是新中国科技创新的摇篮和源泉，是我国科技体制改革的重要发源地，也是国际知名的创新创业活跃区，形成了我国自主创新领域的诸多品牌，成为该领域的一面旗帜。

经过40余年的发展，中关村科技园区走出了一条具有中国特色的科技与经济相结合的新路子。近年来，中关村科技园区的创新创业进一

① 该示范区全称为“中关村国家自主创新示范区”。

步取得显著成效，新产业新业态蓬勃发展，专业园区建设取得丰富经验，改革开放持续深化，成为世界知名的“创新名片”。中关村科技园区凭借其科技资源与人力资源的高度集中，成为新中国科技创新的重要孵化基地，同时也是我国科技体制深化改革的策源地以及在国际上广受认可的创新创业活跃区域，从而塑造了在自主创新发展领域内独特的品牌形象与引领地位。

经过40余年的持续演进，中关村科技园区探索并实践出了具有中国特色的科技经济融合新模式。尤其是近年来，中关村科技园区创新创业活动的成效更加显著，新兴业态与产业进一步快速崛起，积累了更加丰富的园区发展经验。

一是创新成果呈井喷式涌现。中关村科技园区汇聚了全国顶尖的高等学府、研究机构以及卓越的创新人才群体，已成为孕育中国新技术、新模式的沃土，其溢出效应与辐射影响力持续广泛扩散。先后诞生了汉字激光照排系统、超级计算机技术、中文搜索引擎、人工智能芯片等一系列关键核心技术与革命性重大科技突破的成果。

据统计，截至2018年，中关村科技园区的企业共提交专利申请86 395项，占北京市专利申请总量的40.9%；获得专利授权53 982项，占北京市专利授权总量的43.7%，进一步凸显了其在科技创新产出方面的领先地位。

二是创业水平国际一流。中关村科技园区拥有高度活跃的创业生态系统。2018年的统计数据显示：该年度中关村科技园区内的新注册科技企业总数达32 441家，日均新增企业超过80家；聚拢了逾万名投资者，并设有1 832家股权投融资机构，当年完成的股权投资案例共计2 209例，占全国总案例数的27.5%；资金流入方面，全年股权投资规模达到2 475亿元人民币，实现同比59.0%的显著增长，占当年全国股权投资总额的35.2%，同时是全球风险投资最活跃的区域之一。

三是企业呈现出迅猛扩张趋势。截至2018年底，中关村科技园区累计培育独角兽企业82家，约占全国独角兽企业总数的一半，成功构建了以中关村科学城、软件园及电子城为核心的三大独角兽企业集群区，其独角兽企业数量在全球范围内仅次于美国硅谷，展现出强劲的创新生态活力。同时，瞪羚企业数量高达3 900家，约占全国高新区瞪羚企业总数的四分之一，主要集聚于中关村科学城、北京经济技术开发区等处，从而进一步彰显了中关村科技园区快速成长企业的密集度与活跃度。在资本市场层面，中关村科技园区拥有上市公司340家，其中境内上市公司228家，境外上市公司112家，展示了其在推动企业资本化发展中的显著成就。

此外，中关村科技园区在专业园区建设方面积累了丰富经验，其通过创新性探索不同类型园区的建设模式，极大提升了空间资源的利用效率。尤其是，中关村科技园区在高等学府及研究机构周边率先布局了创业孵化器和相关科技园，如北大科技园、清华科技园等，这些依托高校资源的大学科技园成为知识转化与企业孵化的重要平台。与此同时，中关村软件园、中关村生命科学园、大兴生物医药基地等专业园区的设立，专注于特定行业和领域，强化了产业集群效应。加之中关村创业大街、中关村智造大街以及“回+”双创社区等创新创业集群的建设成型，共同构筑起了多元、高效、富有活力的创新创业生态环境，从而进一步巩固了中关村在全球创新版图中的领先地位。

四是高精尖产业结构日趋完善。目前，中关村科技园区已形成以新一代信息技术为引领，以生物医药、先进制造等领域快速发展为特点的新兴产业集群。

2018年，中关村科技园区中的新一代信息技术、先进制造、生物

医药、新能源与节能、新材料、环境保护等六大战略重点领域实现总收入 46 582 亿元，占该园区总收入的 79.2%。其中，新一代信息技术实现总收入 25 123.4 亿元，占中关村科技园区总收入的 42.7%。总体而言，中关村科技园区引领了我国信息技术产业的发展潮流，成为我国信息技术产业发展的风向标。

五是辐射链接作用不断延伸扩展。截至 2018 年，中关村科技园区拥有约 4 万名留学归国人才，以及近万名来自我国港澳台地区及国外的工作人员。同时，该区域已成为跨国公司地区总部及研发中心的核心区域之一，见证了多家国际顶级创业服务机构的快速入驻。为深化全球合作网络，中关村科技园区已在全球范围内（包括美国、德国、芬兰、澳大利亚、加拿大等）设立了 14 个海外联络点，有效拓宽了国际合作的边界。

2018 年，中关村科技园区的技术合同成交总额达到 3 649.2 亿元，约占全国总成交额的五分之一，其中对外输出技术合同金额占比高达 74.4%，广泛惠及全国各地。此外，中关村科技园区中的企业积极拓展京津冀区域布局，已有超过 7 600 家企业在天津和河北建立了分支结构；与全国 76 个不同地区的机构、单位建立了合作伙伴关系，实现了技术、政策、品牌等多维度的输出与共享，有力推动了区域协同创新与经济一体化进程。

六是体制机制和政策创新走在前列。近年来，中关村科技园区的体制机制改革创新全面推进。例如，加快科技体制、商事制度、人才管理、科技金融等改革，推行实施“1+6”“新四条”“新新四条”等先行先试政策，率先开展颠覆式创新、股权激励、科技成果处置和收益管理、外籍人才出入境管理政策、企业境外并购外汇管理制度改革、企业和社会组织登记管理改革等试点工作，从而不断为中关村科技园区的创

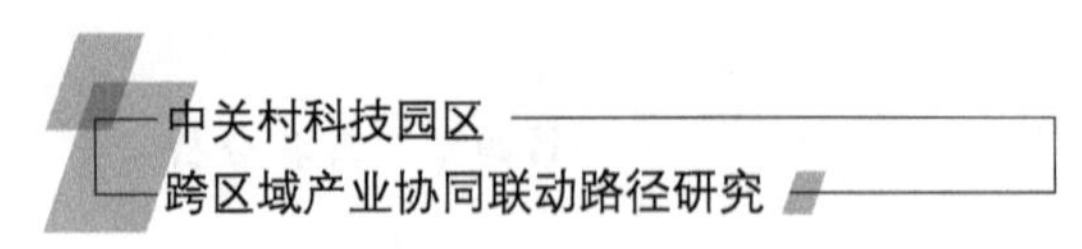

新驱动发展和北京全国科技创新中心建设注入新的活力。

七是知识密集程度高。中关村是我国知识最密集的地区之一，其知识密集的程度在世界上也是非常少有的。中关村科技园区集聚了国内68所各级各类高等学府（包括北京大学、清华大学等国际知名高校），以及213家研究机构（如中国科学院与中国农业科学院等），从而形成了一个密集的教育与科研网络。该区域中的科技人力资源丰富，总量约达38万人，其中包括322名中国科学院和中国工程院的院士，约占全国院士总量的36%；在校大学生逾30万人，进一步充实了该区域的人才库。

高等教育机构与科研机构是知识生产的关键源泉，这支数量大、素质高的科技人力资源队伍，为中关村在知识经济的培育与技术创新能力的提升方面构建了稳固的基础性平台，极大促进了知识资本的有效转化与科技创新生态的持续繁荣。

八是知识与信息高度集中。在推动高科技产业发展的过程中，信息情报资源是不可或缺的要素。中关村科技园区在此方面享有独特的地理优势与资源优势。例如，亚洲最大的图书馆——中国国家图书馆坐落于该区域的中心地带，加之园区内的多所高校图书馆，这里共计拥有超过2 400万册的藏书量。不仅如此，北京作为国家首都的中枢位置，也使这里成为全国信息存储量最丰富、传播速度最快的枢纽所在。

随着我国对外开放政策的深入实施，中关村科技园区内的高等教育机构、科研单位与海外的大学、研究机构及学术团体在科研合作、科技情报交流等方面建立了更为紧密的联系与合作，从而极大便利了中关村科技园区对全球经济与科技发展趋势的深入洞察，也为其把握发展机遇创造了有利的环境。

九是宽松的政策环境和市场经济体系。中关村科技园区是我国最早

成立的高新技术产业园区，也是我国首屈一指的高新技术产业集聚区，其自成立伊始便担负起了创新引领者的重任。对此，国家也采取了一系列促进机制，包括财政补贴、税收优惠、便捷融资渠道、强化技术支持、制定出口激励政策等，这些举措为园区内的技术创新活动提供了强有力的支撑。

改革开放 40 多年来，这里不仅形成了较为发达的市场经济体系，而且见证了联想、方正、四通等众多高技术企业及一大批专业中介咨询服务机构的蓬勃兴起，这些实体凭借雄厚实力，成为行业内的佼佼者。目前，中关村科技园区内汇聚了约 4 500 家知识密集型企业，聚拢了近 20 万科技精英人才，形成了一个高度集聚的智慧集群。

中关村科技园区作为创新辐射中心，还广泛向全国其他地区输出技术成果、人才资源、信息情报、高质量产品、成功企业案例以及宝贵的创新经验，从而有力推动了全国范围的技术进步与产业升级。

三、中关村科技园区的发展目标

国务院批复的《中关村国家自主创新示范区统筹发展规划（2020 年—2035 年）》对中关村未来发展的战略定位和发展目标进行了明确规定。

其战略定位为：新时代深化改革的试验田、世界级原始创新的策源地、引领高质量发展的新高地、全球创新网络的关键枢纽、宜居宜业的智慧生态园区。

其总体目标是：到 2025 年，建成世界一流的科技园区和创新高地，为北京建设全国科技创新中心提供有力支撑；到 2030 年，建成世界领先的科技园区和创新高地，为我国进入创新型国家前列提供强大支撑；到 2035 年，建成全球科技创新的主要引擎和关键枢纽，为我国建设世界科技强国提供战略支撑。

具体到2025年的主要目标为：

一是破除一批制约新技术、新模式、新产业发展的制度障碍，基本形成适应创新驱动发展要求的制度环境；

二是承担国家重大战略任务和解决面向产业发展科学问题的能力显著提升，产生、突破一批具有世界影响力的重大原创成果和关键核心技术；

三是涌现一批世界一流的创新型领军企业和平台型企业，形成1~2个世界级新经济产业集群，辐射带动京津冀地区协同发展的能力明显提升；

四是分园统筹发展的能力进一步增强，高端化、差异化、特色化发展态势基本形成，宜居宜业的环境建设取得明显成效；

五是国际创新资源吸引力和企业国际化水平显著提高，进一步提升在全球创新网络中的地位和话语权。

具体到2030年主要目标为：

一是创新创业生态更加优化，全社会创新活力和创造潜能进一步激发；

二是涌现更多引领世界的原创成果，实现更多重大技术突破，关键核心技术基本实现自主可控；

三是涌现一批在全球处于领先地位的领军企业和平台型企业，基本建成以高精尖产业为引领的现代化经济体系，对京津冀地区协同发展的引领和辐射作用得到有效发挥；

四是各分园统筹协同发展取得重大成效，产城融合的宜居宜业环境得到全面改善和提升；

五是全球创新资源配置能力显著提升，国际顶尖战略科技人才、创

新领军人才和创新团队大量聚集，国际化发展环境基本形成。

具体到2035年，中关村创新发展的主要目标为：

一是具有国际领先优势的科技创新政策体系基本建立，建成适应新经济发展的政策体系和制度环境；

二是基础研究和科技创新能力达到世界领先水平，成为众多基础研究和前沿技术领域的开拓者，颠覆性技术大量涌现，面向国家安全的战略性领域得到有力保障；

三是涌现一批掌握国际话语权和规则制定权的科技领军企业，主导产业牢牢占据全球价值链高端，各分园实现协同化高水平发展；

四是成为全球优秀创新创业者的首选集聚地，助力北京成为全球创新网络的核心力量和主要引擎。

四、制度创新持续深化，顶层设计不断加强

一是以中关村科技园区带动京津冀地区产业协同的发展方针逐渐明确。

2015年，工信部、国家发改委、科技部、农业部、商务部联合制定印发《京津冀协同发展产业升级转移规划》，明确了区域重点产业的发展方向，并引导其科学布局。此举为全面推进京津冀地区产业协同发展，充分发挥三地比较优势，引导产业有序转移与承接奠定了政策基础。

2016年，工信部会同北京、天津、河北三地人民政府联合发布《京津冀产业转移指南》，提出“以中关村为主体，重点提升创新能力，推进高端共性技术研发和关键核心部件研制，加快工业设计、信息服务、咨询等生产性服务业发展”，从而明确了中关村科技园区在区域科

创实力整体提升中的地位，并强调了产业园区在京津冀地区产业转移过程中的重要作用，即产业园区（基地）是承接产业转移的主要载体。

2021 年，中关村国家自主创新示范区领导小组印发《“十四五”时期中关村国家自主创新示范区发展建设规划》，进一步明确了中关村科技园区加强对京津冀地区乃至全国的示范引领、推动京津冀地区产业链和创新链深度融合的重点任务。

表 4-1 为习近平总书记有关京津冀产业协同发展的讲话的主要内容，表 4-2 为近年来有关京津冀地区产业协同发展的政策汇总。

表 4-1　习近平总书记有关京津冀产业协同发展的讲话内容

	场合	主要内容
2014 年	京津冀协同发展座谈会	要在更高层面整合京津冀产业发展，合理安排三地产业分工特别是制造业分工，着力理顺京津冀产业发展链条，形成区域间产业合理分布和上下游联动机制
2019 年	京津冀协同发展座谈会	以创新为引领推动京津冀三地产业协作，深化京津冀产业政策衔接和园区共建，积极推动区域全产业链布局，加快构建空间布局合理、产业链上下游配套、各类生产要素优化配置的区域产业发展格局
2023 年	深入推进京津冀协同发展座谈会	京津冀要强化协同创新和产业协作，在实现高水平科技自立自强中发挥示范带动作用。要构建产学研协作新模式，提升科技成果区域内转化效率和比重。要强化企业的创新主体地位，形成一批有自主知识产权和国际竞争力的创新型领军企业。要巩固壮大实体经济根基，把集成电路、网络安全、生物医药、电力装备、安全应急装备等战略性新兴产业发展作为重中之重，着力打造世界级先进制造业集群。要把北京科技创新优势和天津先进制造研发优势结合起来，加强关键核心技术联合攻关，共建京津冀国家技术创新中心，提升科技创新增长引擎能力。河北要发挥环京津的地缘优势，从不同方向打造联通京津的经济廊道；北京、天津要持续深化对河北的帮扶，带动河北有条件的地区更好承接京津科技溢出和产业转移

表 4-2　近年来有关京津冀地区产业协同发展的政策汇总

	政策发布部门	政策名称	主要内容
2015 年	工信部、国家发改委、科技部、农业部、商务部	《京津冀协同发展产业升级转移规划》	引导区域重点产业的发展方向和布局
2016 年	工信部以及北京、天津、河北三地人民政府	《京津冀产业转移指南》	以中关村为主体，重点提升创新能力，推进高端共性技术研发和关键核心部件研制，加快工业设计、信息服务、咨询等生产性服务业发展
2023 年	工信部、国家发改委、科技部等有关部门和京津冀三地政府	《京津冀产业协同发展实施方案》	明确京津冀产业协同发展的总体目标、重点任务等。 总体目标： 到 2025 年，京津冀产业分工定位更加清晰，产业链创新链深度融合，综合实力迈上新台阶，协同创新实现新突破，转型升级取得新成效，现代化产业体系不断完善，培育形成一批竞争力强的先进制造业集群和优势产业链，协同机制更加健全，产业协同发展水平显著提升，对京津冀高质量发展的支撑作用更加凸显。 重点任务： 优化区域产业分工和生产力布局，提升产业基础高级化和产业链现代化水平，增强区域产业创新体系整体效能，协同打造数字经济新优势，加速绿色低碳转型，推动质量品牌标准一体化建设，培育壮大优质企业群体，深化产业高水平开放合作。 制定保障措施： 强化组织领导，优化营商环境，加强要素协同，健全协同机制，做好监测评估

二是中关村科技园区相关管理部门推进产业协同联动方面工作扎实开展。

自2010年以来，中关村科技园管理委员会始终贯彻执行《中关村国家自主创新示范区条例》，强调培育发展以各园区特色产业基地为基础的产业链和产业集群。

2018年，《深入推进协同发展精准对接的指导意见》出台，京津冀地区逐步建立起精准对接的合作机制。其中，天津、河北两地主动对接北京的中关村科技园，承接中关村高科技产业转移，一批中关村分园在津冀大地上“落地开花”。

2022年，北京市科学技术委员会、中关村科技园区管理委员会制定《关于推动中关村加快建设世界领先科技园区的若干政策措施》，推动中关村科技园区先行先试重大改革任务落地，从而进一步明确了中关村引领全国科技园区实现高质量发展的目标定位。

同年，北京市科学技术委员会、中关村科技园区管理委员会以“构建园区链为支撑，推动政策链、产业链、创新链的深度融合配套，实现创新要素跨区域流动和优化配置”为工作目标，强调围绕中关村各科技园区的产业特点和资源禀赋，加快培育科技创新生态。

五、科技园共建成效显著，园区规模持续扩大

一是京津共建科技园区正加快成长为产业协同新高地。

一方面，滨海-中关村科技园成为推动京津两地合作的重要抓手。为打破利益藩篱、加快共建共融，京津两地科技园区在共建共管过程中从“一把手”做起。自揭牌成立之日起，滨海-中关村科技园管理委员会即实行“双主任制”，分别由北京中关村科技园区管理委员会主任和

天津滨海新区区长担任，以利于整合京津两地资源，推动要素流动、产业疏解。

截至2022年，滨海-中关村科技园企业已突破4 000家，达到4 051家，累计注册资本金额为1 806亿元。当年新增企业849家，其中新增北京来津企业170家（累计已达850家），数量稳步增加。

另一方面，作为承接北京非首都功能疏解的重要载体以及京津两地合作的重要平台，目前京津中关村科技城已进入发展快车道。截至2022年，该科技城已完成一期基础设施开发和协同中心建设，初步形成包括高端装备制造、新能源与新材料、人工智能与智能制造、生物医药与医疗器械等在内的四大产业集群，累计入驻市场主体1 075家，引进实体项目97家。

其中，产业用地型项目中的高新技术企业占比近八成，一期项目全部达产后预计年税收额将超过10.5亿元，将拉动上万人就业。在2022年京津冀协同创新项目清单中，京津中关村科技城共有12个项目入选，成为天津市获批该项目最多的单位。

二是京雄高质量创新创业载体培育取得较大进展。

雄安新区中关村科技园发展规划的加快编制，有助于深化中关村科技园与雄安新区的合作，辐射带动雄安新区发展。2023年8月30日，雄安新区中关村科技园正式揭牌运营。北京重点支持雄安新区中关村科技园建设，3 000余家源自北京的高新技术企业在雄安注册，其中包括基础设施建设、生态环境治理和金融服务等领域的17家市属国企投资项目共计100余个。在这之中，来自中关村科技园区的北京高科技企业在雄安设立分支机构142家，来自中关村科学城的企业在雄安设立分支机构30多家。

目前，京雄城际铁路已投入运营，京雄高速北京段也已正式全线通车。两地直连直通交通体系的加快构建，有助于吸引北京高新技术企业到雄安“落地生根”。

三是京冀分园“落地开花”，推动区域创新实力不断提升。

截至2022年，保定中关村创新中心持续引入中关村科技园的创新资源，集聚智能制造企业。该创新中心已落地转化重点科技成果33项，累计吸引336家知名企业入驻。其中，来自北京的企业超过五成，高新技术企业、科技型中小企业近八成。目前，中关村科技园丰台园保定满城分园已有中国航天科技集团等8家央企和行业龙头企业入驻。

同时，曹妃甸高新技术成果转化基地建设进入实质性阶段后，2家企业实现投运，8个中关村科技园项目成功落户于此，507个北京项目签约落地。其中，唐山曹妃甸相变科技有限公司与北京君和科技有限公司实现产业链对接和中关村高新技术成果转化，北京图森互联科技有限责任公司将打造曹妃甸自动驾驶卡车试验基地、自动化物流运输商业化运营基地、自动化物流示范区和自动驾驶卡车产业链聚集地。

此外，邯郸·中关村信息谷创新中心自揭牌成立起，积极引入京津创新资源，已有12家京津高科技企业在此签约入驻。

六、要素流动效率持续改善，创新生态不断优化

一是政策激励和公共服务保障进一步提升人才流动效率，人才发展环境不断优化。

截至2022年，中关村科学城推荐的34家企业的80个人才引进需求已获批；实施“海英计划”升级版，累计评选725人，支持资金超2亿元；加强企业博士后工作站建设，并连续4次获得“全国优秀”的称号。这些都有助于吸引和集聚高端人才落户中关村科技园区。

与此同时，交通与产业的深度融合也在持续助力三地人才流动。截至2022年，天津高铁城际线路里程已达410公里，铁路总里程达1 468公里，初步实现京津雄三地0.5小时通达、京津冀主要城市1~1.5小时通达，“轨道上的京津冀”初具规模。通勤条件的保障不仅有助于产业融合，而且促进了中关村科技园区内的企业员工落户滨海-中关村科技园周边，从而提升了天津滨海新区的人力资源水平。

二是北京创新资源辐射带动作用不断显现，技术扩散持续赋能京津冀产业升级。

截至2022年，中关村科技园企业在津冀两地设立的分支机构已超过9 536家，流向津冀的技术合同数达5 881项，同比增长8.2%。2022年，北京地区流向津冀两地的技术合同成交额达356.9亿元，较2014年增长近3.3倍。同时，河北与京津两地合作共建的科技园区、创新基地、技术市场、创新联盟等科技创新载体已超过210家，与北京达成的技术合同成交额为214亿元。

此外，中关村科技园区深度服务京津冀协同发展。例如，以科技冬奥为契机，中关村科技园区联合河北张家口推动冰雪与旅游、科技、装备制造等产业的深度融合。该科技园企业实施了河北赤城数字农业智慧园区综合管理、天津滨海数字化车间运营管理等项目，有力推动了津冀两地传统产业的转型升级。

三是科技分园持续吸引优质企业迁移落地，津冀产业升级优化进程逐渐加快。

截至2022年，滨海-中关村科技园新增企业849家。其中，符合科技园“3+1”主导产业定位的企业占比达70%；主要科技指标保持强劲增长态势，新增国家高新技术企业42家，累计达到140家，近4年来的复合增长率达126%；新增雏鹰企业14家，累计为120家，近4年复合增长率达157%。

同时，京津中关村科技城围绕“4+1”产业结构不断引进国内外优质企业。在37个产业用地型项目中，有24家参与企业为国家级高新技术企业，有14家为中关村高新技术企业。

此外，保定中关村创新中心累计培育国家、省级科技型中小企业160余家、国家级高新技术企业67家、规上企业18家，并实现重大科技成果转化项目33个（在项目参与企业中，科技企业的占比为70%）；入驻企业累积研发投入超过3亿元，取得知识产权1 000余件，吸引双创人才3 000多位；累计举办360余场创新活动，汇聚来自域内外9 000余家企业、机构赴保定对接合作。

七、产业链与创新链加快融合，协同创新与产业协作水平不断提升

一是京津冀协同创新共同体加速成长。

北京市委书记尹力在2023中关村论坛上强调，要充分发挥中关村科技园区辐射带动作用，释放新一轮先行先试改革措施政策红利，强化京津冀协同创新和产业协作，在实现高水平科技自立自强中发挥示范带动作用。作为京津冀科技创新的“金名片”，中关村科技园区在京津冀协同创新中扮演着重要角色，带领天津、河北、雄安等地的“类中关村”创新生态多点开花，打造多个协同创新高地。根据《京津冀协同创新指数（2022）》显示，京津冀协同创新指数从2013年的100增长到2020年的417. 27，实现3. 17倍的增长，年均增速达到22. 64%。

二是产业转移与承接持续推进。

一方面，非首都功能疏解任务实现进一步突破。2014—2022年，

北京全市累计退出一般制造和污染企业 2 800 余家，疏解提升区域性批发市场和物流中心 980 余个；河北承接京津转入基本单位累计达 4. 39 万个，其中近八成从北京转入。2022 年，天津滨海新区承接北京非首都功能疏解重大项目 62 个，总投资 620. 82 亿元，完成全年任务目标 103. 5%，其中滨海–中关村科技园是核心承载区。

另一方面，北京研发津冀转化，京津冀协同创新和产业协作成果丰厚。北京持续推进创新链建设，中关村科学城加大对技术关联、产业链关联靶向企业的招商引资，已落地安恒信息、华峰测控、百图生科、圆因生物等一批重点区域的重点企业以及融通、中车、中船、中电建、国电投等央企新设板块、子公司。津冀两地现代化产业体系构建和产业转型取得显著成效，在 2023 年中关村论坛展览（科博会）上，北京研发设计、天津制造、总装和测试的长征七号遥七运载火箭，是京津两地在航空、航天重点领域协同发展的代表作；中国智慧化程度最高的北京地铁冬奥支线、面向京雄“量身定制”的时速 200 公里快速动车组的研发来自北京市基础设施投资有限公司，生产、制造、调试以及交付都在河北保定，是京冀两地产业链构建的典范。

三是产业合作平台不断搭建完成。

2021 年，保定中关村创新中心搭建对接平台推进协同创新，采用“带土移植”的“中关村保定模式”，推出产业协同计划，帮助入驻企业拓展市场，组织产业发展研讨会 66 场，精准服务企业 500 余家。

截至 2022 年，中关村科学城建成孵化载体总数近 200 家。其中，国家备案众创空间 75 家，市级众创空间 108 家；国家级科技企业孵化器 24 家，市级科技企业孵化器 36 家。滨海–中关村科技园已建成天津（滨海）海外人才离岸创新创业基地、协同创新示范基地、滨海中关村硬创梦工厂、玑瑛创新中心、北创百联孵化器、天津科技大学科技园等创新平台矩阵，逐步营造应用场景足、服务效能好的创新保障体系。

2023 年，中关村科技园区举行“火花”系列活动，开展京津冀技术转移专场对接会，并实现 7 项产学研合作协议的签约，京津冀协同创新共同体建设不断推进，三地科技成果转化工作服务效能不断提升。

第五章　主要问题

ZHUYAO WENTI

中关村科技园区作为科技创新战略高地与培育战略性新兴产业的重要载体，对强化科技协同创新、推动产业链高质量发展具有重要作用。推动中关村科技园区跨区域产业协同联动发展，是深化统筹和引领京津冀协同创新共同体建设、打造世界级城市群的重要支撑，也是辐射带动全国高科技园区实现高质量发展的关键引擎。

当前，尽管中关村科技园区在跨区域产业协同联动发展方面已取得一些成就，但仍然存在以下一些制约因素及难点问题。

一、缺乏统一的整体规划，政策体系不健全、不衔接

当前，中关村科技园各园区的政策制定相对独立，缺乏统一的产业规划和顶层设计，重叠的主导产业导致竞争大于协作，且缺少有约束力和执行力的跨区域产业协同联动机制，从而限制了京津冀地区科技园区的产业协同联动发展。具体而言，包括以下几个方面。

一是缺乏统一的产业发展规划，园区间难以实现联动发展。

目前，京津冀地区尚未就产业协同中的重点产业及其空间布局进行顶层设计，缺乏统一的产业规划，还不能充分发挥产业规划对优化产业空间布局的指引作用。

一方面，由于缺乏统一的顶层设计和整体规划，尚未形成产业协同发展的共同目标和行动计划，各园区的政策制定相对独立，缺乏整体协调性；各园区的规划和政策制定往往更加关注本地区的利益和发展需求，而缺乏对整体联动效果的考虑。这种分散的政策制定模式限制了各园区产业协同发展的深入推进。

另一方面，各园区的产业定位特色不突出，主导产业不聚焦，产业发展存在同质竞争。当前，中关村科技园各园区均将主导产业定位于新

一代信息技术、新能源与新材料、高端装备等领域。这样的结果是：主导产业高度重叠，造成“各自为战”甚至竞争大于协作的问题，从而不能充分统筹协调资源利用及产业发展，很难形成“1+1>2”的产业协同发展格局。

二是政策体系不完善、不衔接，制约各园区产业协同联动发展。

首先，尚未形成利益共享与风险共担的长效合作机制。例如，中关村科技园区津冀分园在资本投入数额和比例、税收和利益分配、合作退出方式以及相应的争端解决机制等方面尚不合理或不完善。

其次，存在资质标准异地互认困难、跨地区转移企业在统计口径上衔接困难等问题，从而制约了北京高新技术企业到中关村科技园区津冀分园落地。就具体产业政策而言，京津冀三地的产业政策和营商环境同样存在较大落差，制约了三地科技园区间的要素自由流动及产业联动发展。

最后，创新型高端人才引进政策缺乏衔接。特别是，京津冀三地的社保政策差别较大，津冀分园在员工子女教育、高端和特殊人才引进政策等方面均缺乏吸引力，很大程度上制约了人才在津冀两地的落户。此外，京津冀三地在人才互认共享、社会保障互联互通等方面的制度建设还不够完善，对高端人才的配套服务有待提升，就学就医等配套能力不强，这些都削弱了津冀分园对高端人才的吸引力。

二、协调沟通机制不健全，园区间缺乏良好合作氛围

组织协同、信息共享是推动中关村科技园各园区实现产业联动发展的基本前提。目前，京津冀地区中关村科技园各园区的产业链存在分割和断层现象，各方之间的合作意愿不强，加之缺乏有效的组织协调机制

和沟通渠道，导致各园区的规划布置受限，产业联动发展受阻。同时，利益冲突、权责界定模糊以及信息孤岛等问题也阻碍了各园区的产业协同合作。此外，协调、沟通和信息共享机制的建设也有待进一步健全。具体如下。

一是缺乏完善的政策协调机制。

园区规划涉及多个地区和部门的利益关系。当前，中关村科技园各园区之间尚未形成统一的发展规划，加之缺乏有效的跨区域政策协调平台和机制，相关部门之间的沟通和协商渠道不畅，导致政策协调困难。换言之，各部门在制定政策时缺乏对其他部门政策方向和规划的全面了解，因而无法充分考虑其他部门的需求和利益，导致各方之间合作进行产业协同发展的意愿不强。

二是缺乏有效的协调机制和沟通渠道，利益冲突和权责界定模糊问题尚未得到有效解决。

由于共同目标和行动计划的不一致，各部门各自为政，园区规划布置的整体协同推进受限，加之不同部门之间的利益协调机制建设尚不完善，存在沟通不畅的现象，导致园区规划布置难以形成合力。同时，各园区缺乏明确的责任分工和权责界定，导致各园区规划的决策执行力度不够，从而不利于产业协同联动的发展。

三是缺乏有效的信息共享和交流机制，因信息不对称而导致产业间的联动发展受阻。

由于缺乏充分有效的沟通渠道，造成信息孤岛现象，导致各环节之间的协同衔接不足，产业链上各环节之间的合作和协同也由此难以实现。

首先，在园区的规划布置过程中，需要大量的数据来支撑决策分析。但是，目前各相关部门之间的信息共享不足，造成数据收集、整合和共享等方面的困难，这就使得园区的规划和布置缺乏基于准确数据的科学性和可行性，往往只能依靠有限的信息或经验来进行决策。

其次，不同部门使用不同的数据格式、指标和评估体系，导致各部门之间难以比较和共享数据，从而增加了信息交流和理解难度；不一致的数据格式和指标也影响了园区规划布置的综合性和一致性。

最后，由于信息流通渠道不畅，部门之间的沟通往往滞后或失真，从而导致信息的传递不及时，影响了各园区规划布置的协同性和协调性。

三、要素流动效率有待提升，优质公共服务配套不足

当前，中关村科技园区在推动要素跨区域流动方面存在人才流动受阻、产学研合作不充分、融资困难等问题。相比北京而言，津冀两地在教育、医疗等方面的优质公共服务配套尚显不足，难以吸引和留住高端人才，从而制约了各园区之间的产业协同布局。具体如下。

一是高端人才引进与培育机制尚不完善，导致各园区间人才流动阻力较大。

首先，人才引进政策机制不完善。科技园区的发展离不开高层次科技人才的支撑。但是，目前中关村科技园区津冀分园的人才引进政策的吸引力尚显不足，相比北京而言，前者的薪酬和福利待遇尚不具备较强的竞争力，从而限制了优秀人才在津冀两地园区内集聚。

其次，人才培养与产业需求不匹配等问题突出。中关村科技园区的发展需要源源不断、符合产业发展需求的人才，但是当前存在人才培养与产业需求不匹配等问题。例如，高等院校的教育体系与园区产业发展之间尚缺乏有效衔接，学校培养与实际需求存在之间一定程度的脱节，

人才缺口问题尚未得到有效解决。这一问题在津冀地区的科技园区中显得尤为严重。

再次，公共服务配套不足及政策环境差异制约跨地区的人才流动。受行政界限、社会保障等因素的限制，京津冀三地的科技园区在人员社保、就医、子女入学等方面的政策存在较大差距。这些公共服务水平之间的差距对各园区的人才流动制造了一定壁垒，制约了人才的自由流动。

最后，创新创业环境差异制约了人才在津冀两地的集聚。相比北京而言，中关村科技园区津冀分园的创业环境尚不尽如人意，支持力度也相对不足，创业成本高、创业政策复杂、创业资源不足等问题依然存在，客观上制约了各园区创业人才的流动和集聚。

二是技术创新和知识共享、流动相对不足。

首先，缺乏开放共享的技术知识平台。目前，京津冀三地的科研机构、高校和企业之间以及中关村科技园各园区企业之间尚缺乏有效的合作机制和平台，因而难以实现知识的高度共享和交流。

其次，产学研一体化水平有待提升。目前，中关村科技园各园区的产学研一体化水平尚不高，科研机构、高校和企业之间也缺乏紧密的合作关系，从而使技术创新、知识流动等受到一定程度的限制。对此，需要加强产学研结合的机制建设。

最后，知识产权保护机制建设尚不完善。知识产权保护是技术创新和知识流动的重要保障。当前存在的知识产权纠纷频发、保护与监管力度不足等问题，严重制约了各园区的技术创新和相互之间的知识流动。

三是资金流动不畅和使用不合理等问题始终存在。

首先，资金来源有限，融资渠道不畅。目前，中关村科技园各园区的主要资金来源是政府拨款、银行贷款和企业自筹资金，资金来源有限。同时，融资渠道相对单一，即主要依赖银行贷款和股权融资，缺乏多元化的融资渠道。对初创企业和创新项目来说，融资难度较大，难以满足其对资金的需求。

其次，资金分配的合理性有待提升。目前，资金主要集中在园区中一些大型企业和重点项目上，对于小微企业和创新型项目的支持相对不足，缺乏相应的创业扶持资金及创新创业基金。从资金分配的角度来看，中关村科技园各园区的创新活力有待进一步提高。

最后，缺乏统一有效的资金管理机制和监管手段。目前，对园区资金使用的监督、审计力度尚显不足，易造成资金浪费和无效利用等问题。

四、产业链分工协作体系尚不完善，龙头企业培育不足

当前，京津冀地区仍面临着产业分工协作不足、关联性不高以及断链、缺链等问题，且尚未形成区域间分工互补、上下游联动配套的产业协同发展格局。

科技园区在打通区域全流程创新链条、整合区域内产业链与形成产业集群、促进产业链与创新链深度融合等方面发挥着引领支撑和辐射带动作用，而中关村科技园区在跨区域产业布局方面仍存在诸多薄弱环节，一定程度上阻碍了产业链的发展和特色产业集群的形成。同时，由于龙头企业培育不足，制约了中关村科技园区提升产业链质量的作用发挥，阻碍了其所属各科技园区产业之间的协同联动发展。具体如下。

一是津冀两地借力北京科技创新赋能园区发展的水平不高，辐射带动区域产业升级的作用发挥不充分。

一方面，中关村科技园区津冀分园在承接北京科技创新和研发转化

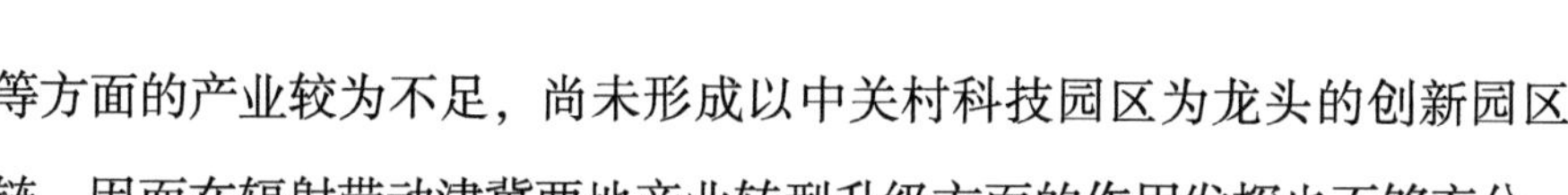

等方面的产业较为不足，尚未形成以中关村科技园区为龙头的创新园区链，因而在辐射带动津冀两地产业转型升级方面的作用发挥也不够充分。

另一方面，园区内企业上下游联系尚不够紧密，企业间的技术关联性尚不强，多元互补性尚不足，在赋能京津冀地区产业链与创新链深度融合方面的作用也有待提升，从而未能有效助力津冀创新链、产业链的提升，进而“做大蛋糕”。

二是科技园区发展活力不足，各园区产业关联度不强。

首先，京津冀三地因发展阶段、发展定位不同而造成各园区之间的产业协作难度较大。从发展阶段来看，目前已经进入后工业时代的京津两地与尚处于工业化中期的河北地区存在产业“断层”，过大的产业落差导致三地科技园区间的产业关联度较低、产业协作难度较大。

其次，中关村科技园各园区中的部分津冀分园发展活力不足，正定中关村集成电路产业基地、中关村海外科技园（石家庄分园）、中关村昌平园怀来分园、中关村海淀园秦皇岛分园等的建设进度较为缓慢。总体来看，中关村科技园区在带动石家庄、张家口、秦皇岛等地参与京津冀产业协同联动等方面的收效尚不显著。

再次，中关村科技园各园区内多数企业之间尚缺乏产业协同和分工协作，关联度不强，且津冀分园中的企业多为北京中关村科技园区企业的分公司或者转移企业，当地自己招引的企业尚未与中关村科技园区中的企业形成强链接关系；园区招引的研究院所与优势产业之间尚未形成良好的互促互补关系，难以形成“滚雪球”效应。

最后，各园区虽有明确的产业定位，但由于产业同质度较高，因而存在招商中的恶性竞争和基础设施重复建设等问题，此外，聚焦特色优势产业进行有针对性的育链、强链、延链、补链等产业招商尚显不足，尚未形成完整的产业链和有较大影响的特色产业集群。

三是园区协作模式有待创新，龙头企业培育及发展不足。

一方面，在目前中关村科技园各园区的管理中，存在各方协商时间长、决策成本高等问题。例如，滨海－中关村科技园基地的后五年租赁协议签署进展缓慢，已严重影响园区的招商及运营工作。

另一方面，龙头企业在产业链整合中发挥着核心引领作用，其布局对科技园区的发展以及打造、完善区域产业链具有重要的意义，而中关村科技园区津冀分园中普遍存在龙头企业培育及吸引能力不足的问题，从而制约了其提升产业链质量的作用发挥。例如，这些龙头企业特别是其中的中央企业对产业链智能化的带动作用不足，其本应成为承担全产业链智能化示范的重点企业，却由于机制和技术等问题，在智能化进程中反而落后于部分民营优秀企业。

五、产业集群发展不足，产业链与创新链融合有待深化

在京津冀产业疏解转移过程中，产业集聚和产业链条的形成尚显滞后。其中，河北承接的产业对区域产业链的升级转型作用有限，不利于三地科技园区产业协同联动发展格局的形成。总体来看，目前中关村科技园区对中小企业的引导作用与支持力度尚显不足，导致区域产业链缺乏竞争力，园区间和企业间又缺乏紧密联系，从而使产业联动协作效应不明显。具体如下。

一是产业集群发育不足、产业集中度不高，尚未形成产业联动协作效应。

相比长三角、珠三角等区域而言，京津冀区域的产业总体发育尚显不足，目前其主要产业均集中在各类园区、开发区和高新区，园区之外的产业发展严重不足。同时，京津冀区域的科技园区的发展往往只是实

现了产业在地理空间上的集聚，园区间和企业间仍缺乏实质性的联系与合作，从而难以形成产业集群和产业链条，园区间的产业协同联动效应也显得不足。

二是对中小企业的引导作用与支持力度不足，导致区域产业链缺乏竞争力。

当前，市场竞争已由企业间的竞争转向产业链间的竞争，迫切需要大量小微企业在产业链中发挥黏合补位作用。中关村科技园区内中小企业发展的不足，导致产业链运营成本过高。同时，相比长三角、珠三角等地而言，京津冀地区的制造业体系发育尚显不足，从而制约了一些处于利润空间较小、需求量较少的辅助环节中的中小企业的发育。此外，中小企业发展不足，导致京津冀区域的制造业体系缺少竞争力与活力，而这制约了北京地区的众多科技成果在京津冀区域内的落地转化。

三是创新研发能力与产业梯度的巨大落差制约了科技园区创新成果的落地转化。

根据《京津冀协同发展报告（2023）》，京津冀三地之间不论是在创新投入还是创新产出方面均存在巨大差距。其中，河北各市在创新投入、创新产出及创新环境领域的得分均相对较低，详见表 5-1。创新能力落差在一定程度上拉大了三地科技园区产业梯度和产业发展之间的落差，导致其在新产品研发、产品更新换代等方面的水平参差不齐，也导致产业链条的各环节发展不均衡、接续难度大，从而制约了北京地区的科技成果在津冀两地科技园区中的落地转化。

表 5-1　2020 年京津冀地区 13 市创新能力得分

	创新综合能力	创新投入	创新产出	创新环境
北京	0.906 5	0.974 6	0.807 8	0.844 5
天津	0.445 4	0.476 8	0.241 2	0.535 2

续表

	创新综合能力	创新投入	创新产出	创新环境
石家庄	0.313 1	0.098 8	0.034 7	0.512 8
廊坊	0.196 7	0.061 1	0.025 7	0.250 7
保定	0.182 5	0.021 3	0.008 7	0.398 6
沧州	0.152 8	0.041 6	0.031 7	0.300 0
秦皇岛	0.152 7	0.067 0	0.029 8	0.415 7
唐山	0.125 5	0.331 2	0.085 6	0.446 6
衡水	0.120 7	0.125 3	0.034 9	0.193 6
张家口	0.119 7	0.126 5	0.044 5	0.396 8
邢台	0.108 7	0.016 7	0.016 7	0.405 5
承德	0.105 5	0.031 8	0.006 5	0.326 1
邯郸	0.104 8	0.076 5	0.014 2	0.407 9

资料来源：《京津冀协同发展报告（2023）》。

同时，各科技园区创新成果转化专业服务机构与专业人才队伍缺乏，科技成果跨区域转移合作模式有待突破。一方面，技术转移项目普遍存在周期长、成功率低等问题，加之京津冀区域自负盈亏的技术转移服务机构发育不足，从而制约了三地科技园区创新成果的转化和技术落地；另一方面，目前大部分高校尚未设立技术转移服务专业，而是仅仅通过技术转移专员培训的方式培养相关工作人员，不论是在数量还是在质量上都无法满足当前创新成果落地转化的实际需要。

第六章　经验借鉴

JINGYAN
JIEJIAN

本章通过借鉴长三角G60科创走廊、广深港澳科技创新走廊、深哈产业园等国内科技园区在跨区域发展方面的典型模式与经验，为中关村科技园区跨区域产业协同联动发展寻找新的着力点。

一、长三角G60科创走廊

长三角G60科创走廊（以下简称“G60科创走廊”）是我国率先探索的全球科创走廊，是唯一被纳入一系列国家发展规划纲要并出台专项建设方案的重大区域发展实践。

2019年12月，中共中央、国务院印发《长江三角洲区域一体化发展规划纲要》，提出设立长三角区域合作办公室，建立G60科创走廊等一批跨区域合作平台，并采用三级运作、统分结合的长三角区域合作机制来进行有效运转。同时，依托交通大通道，以市场化、法治化方式加强合作，持续有序推进G60科创走廊建设。

2020年12月颁布的《长三角科技创新共同体建设发展规划》提出，长三角地区要联合推进G60科创走廊建设，发挥G60科创走廊的创新资源集聚优势，加快产业协同创新中心等创新基地建设，支撑打造若干具有国际竞争力的先进制造业集群，建设高质量发展先行区。

2021年4月，科技部等六部门联合发布《长三角G60科创走廊建设方案》，提出建设有国际影响力的科创走廊这一目标，要求加强区域协同创新，以科技创新提升产业层次，推动创新链、产业链、价值链融合，打造世界级产业集群。

从2016年5月上海市松江区依托上海科创中心建设等提出G60科创走廊的概念（即沿G60高速公路布局科创企业及先进制造业）到2018年长三角9个市（区）共同建设G60科创走廊，G60科创走廊经历了地方尺度重构—区域尺度重构—“国家-区域”联结型尺度重构等主要发展阶段。

长三角 G60 科创走廊包括 G60 国家高速公路和沪苏湖、商合杭高速铁路沿线的上海市松江区，江苏省苏州市，浙江省杭州市、湖州市、嘉兴市、金华市，安徽省合肥市、芜湖市、宣城市等 9 个市（区），总面积 7.62 万平方公里。

自启动建设以来，G60 科创走廊始终秉持科技与制度创新并重的策略，双轨并进，以“科技创新+产业升级”为战略导向，依托高水平的创新能力培育体系，致力于通过深化长三角地区基层协作与跨行政区划的协同联动，构建一个旨在成为科技创新策源的核心区、世界级产业聚集带、产城深度融合的示范标杆以及具有国际一流营商环境的典范区。G60 科创走廊致力于打造一个资源共享、技术共创、利益共赢的协同创新生态系统，旨在将中国从“制造大国”转变为“创造强国”，并成为科技与制度创新融合试验以及产城融合发展的先锋。

在此过程中，上海市松江区作为 G60 科创走廊的策源地，创新性地将其在当地探索中获得的实践经验，经由不断的地域拓展与功能升级，成功纳入国家战略布局，从而实现了国家与地方两级积极性的有效调动。这一过程不仅彰显了 G60 科创走廊作为中国特色跨区域科技创新走廊发展模式的探索者角色，也标志着在中央与地方的合作框架下，探索树立新型区域协同发展路径的重要里程碑。

二、广深港澳科技创新走廊

广深港澳科技创新走廊连接广州、深圳、东莞、香港、澳门等 5 地，该走廊涵盖各类园区、创新平台等资源，是粤港澳大湾区国际科

创中心建设的核心承载体。

2017 年 12 月颁布的《广深科技创新走廊规划》提出建设连接广州、深圳、东莞三地的创新经济带，并明确了广深科技创新走廊的总定位，即成为全国实施创新驱动发展战略提供支撑的重要载体；具体定位是，成为全球科技产业技术创新策源地、全国科技体制改革先行区、粤港澳大湾区国际科技创新中心的主要承载区、珠三角国家自主创新示范区的核心区。

2019 年 2 月 18 日，中共中央、国务院印发《粤港澳大湾区发展规划纲要》，提出建设具有全球影响力的国际科技创新中心的目标，要求充分发挥粤港澳地区的科技和产业优势，积极吸引和对接全球创新资源，建设开放互通、布局合理的区域创新体系。推进“广州-深圳-香港-澳门”科技创新走廊建设，探索有利于人才、资本、信息、技术等创新要素跨境流动和区域融通的政策举措，共建粤港澳大湾区大数据中心和国际化创新平台。由此，该区域的科创走廊也从广深地区扩展至整个粤港澳大湾区，进而整合形成了整个珠江口岸创新资源集聚地。

广深港澳科技创新走廊在政府、高校（及科研机构）和金融机构三元支撑的政策、人才、资金、平台等全方位的要素协同方面，为中关村科技园区建设提供了有益的经验与启示。

三、深哈产业园

深哈产业园位于哈尔滨新区江北一体发展区西部，规划面积约 26 平方公里，致力于打造新一代信息技术、智能制造、新材料等战略性新兴产业。深哈产业园是由深圳与哈尔滨两地携手共建，并由来自深圳的管理团队，按照“深圳标准”“深圳理念”建设和管理的具有

"深圳基因"的"飞地园区"。

深哈产业园区通过市场化运作，促进以深圳为主的优质资本、项目、技术、人才向哈尔滨集聚，并将哈尔滨的空间、科技、农业、生态等资源禀赋与深圳的产业资源、金融投资、创新要素等进行优化配置和高效整合，从而为新一轮东北振兴激发新动力，努力将深哈产业园建设成为创新、活力、高效的龙江版"深圳湾"，以发挥示范带动效应。

深哈对口合作源自我国的东北振兴战略。

2017 年，国务院印发实施《哈尔滨市与深圳市对口合作实施方案》。

2018 年，习近平总书记在深入推进东北振兴座谈会上再次指出，要以东北地区与东部地区合作为依托，深入推动东北振兴与粤港澳大湾区建设等国家重大战略的对接和交流合作。

2019 年，深圳、哈尔滨两地签署了《合作共建深圳（哈尔滨）产业园区协议》。

应当说，深哈产业园在产业园区共建、应用深圳成功经验等方面为中关村科技园区的跨区域产业协同联动发展提供了有益经验与启示。

四、经验与启示

（一）创新跨区域产业合作平台与协同机制

一是打破合作发展壁垒，打造跨区域合作平台。

广深港澳科创走廊以走廊沿线的科技城、高新区、高技术产业基地等创新载体建设为抓手，打造创新要素流动畅通、科技设施联通、创新链条融通的跨境合作平台，从而为跨区域产业合作提供了全方位的要素

资源保障。

二是明确政策制度和组织机制，保障跨区域合作顺利开展。

深圳和哈尔滨两地在建设深哈产业园的过程中，通过建立联席会议、政策规划、利益分享机制保障了深哈产业园建设的高效推进。

一方面，哈尔滨、深圳建立了两市联席会议，成立两市园区共建协调小组，共同商定深哈产业园的发展战略、目标及政策措施，及时解决园区共建中的重大问题，并协调园区规划调整、招商引资、基础设施、企业服务等重点工作。

另一方面，签署《关于哈尔滨深圳产业园投资开发有限公司注资、土地取得和政策支持等相关工作的四方协议》等，对出资方式与时限、土地出让条件、产业发展支持政策、双方职责等加以明确规定。例如，深圳、哈尔滨两市按 5：5 的比例分配园区税收地方留存部分，前 10 年全部税收分成作为产业政策扶持基金 100%用于支持深哈产业园及企业发展。借鉴这一经验，中关村科技园可持续深化跨区域合作示范区的建设，搭建联席会议、政策规划、利益分享等跨区域协同联动机制，带动区域创新发展水平提升。

（二）建立跨区域、多元主体共治的治理体系

长三角地区的 G60 科创走廊通过建立跨省域、多层级、条块联动的政府治理体系，以打破行政壁垒，同时创新区域协同组织方式和运作模式，从而有效解决了横向府际协调及合作动力缺失等难题。

首先，建设专责小组及其办公室，负责 G60 科创走廊建设的重要规划与政策提出，以协调落实跨地区、跨部门的重要事项，并指导、监督 G60 科创走廊建设任务的建设和完成情况。

其次，实体化运作 G60 科创走廊联席会议办公室，出台《长三角

G60 科创走廊联席会议工作制度》。参与该科创走廊的 9 个市（区）分别成立 G60 推进办，不断健全联席会议、平台共建、信息互通、干部挂职等机制，从而推动形成信息互通、优势互补、资源共享、合作共赢的区域协同模式。

再次，借助“上下互动式”的扩权策略，巧借跨域合作平台优势，不断争取中央的空间排他性授权，持续增强 G60 科创走廊的政策优势与平台凝聚力，从根本上激发跨域科创合作的内生动力与积极性。此外，在跨域治理体系、财政体制、人事安排等方面开展创新性探索，以重塑地方政府间的合作关系，为中国式科创走廊建设提供制度保障。

最后，在优化干部空间（纵横向）流动机制、府际交流与学习机制、容错纠错机制等方面积极探索，持续激发地方干部创业热情，推动各层级的制度变迁与治理模式创新。

对此，中关村科技园可借鉴 G60 科创走廊的经验，建立政府治理体系和合作治理体系，通过实体化运作联席会议等方式，健全平台共建、信息互通、干部挂职等机制，以解决横向府际协调及合作动力缺失等难题，提高区域治理效能。

（三）创建以科创合作为引领、全要素对接的一体化模式

G60 科创走廊、广深港澳科技创新走廊均未局限于单一科创要素的对接合作，而是以科创合作为引领，以区域一体化发展和统一大市场建设为目标，综合对接先进技术、科学设施、科创人才、金融工具、园区空间等各类高质量发展所需的要素资源，并在放管服、科技体制、知识产权保护、产学研转化等多方面给予制度松绑和先行先试权限。

例如，长三角地区的 G60 科创走廊以人才链赋能产业链、支撑创新链。

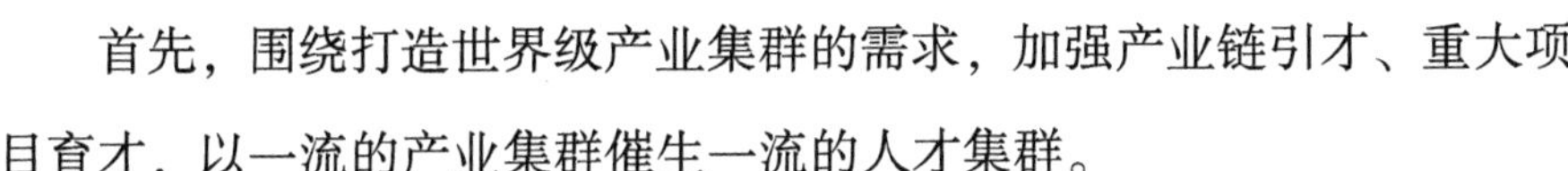

首先，围绕打造世界级产业集群的需求，加强产业链引才、重大项目育才，以一流的产业集群催生一流的人才集群。

其次，精准对接重点产业和人才团队创新需求，为创新核心人才及其团队量身定制服务方案，让企业和人才安心做科研。

再次，发挥松江大学城高校人才密集的优势，全力推动设立 G60 高水平应用型高校协同创新平台，建立关键技术联合攻关机制，促进区域内企业与高校、科研院所开展战略合作。

最后，推动人才链融合一体化，建立“峰会+培训+中心+基地”四融合工作机制，制定《长三角 G60 科创走廊人才发展三年行动方案（2023—2025）》等文件，推进共建共享人才高地。

又如，广深港澳科创走廊不断优化各类创新机制，使该科创走廊内的技术、人才、资本等科技要素以及各类信息资源实现自由流动。

首先，借助香港大学、香港中文大学、香港科技大学等全球顶尖院校，强化学科建设与产业发展、技术需求和市场应用等的结合，发挥与当地主导产业吻合度高的学科布局及特色，为科技创新输送大量的技术型和实用型人才。

其次，利用政策与制度优势，打破创新资源流通中的区域阻隔。为此，开展外籍创新人才创办科技型企业享受国民待遇试点；与港澳两地共同研究出台允许科研、医疗仪器设备及药品在港澳地区和该科创走廊内地异地购置使用等政策，以降低企业的创新成本，从而使广深港澳科创走廊内的各区域优势互补、借力提升，真正做到协同创新、共荣发展。

借鉴上述经验，中关村科技园应持续优化区域创新机制，促进先进技术、科学设施、科创人才、金融工具、园区空间等多方面要素的自由流动，破除“行政区经济”顽疾，将制度优势转化为治理效能。

（四）探索科技创新与产业转化职能互耦的复合发展模式

一是推动科创与产业深度融合，打造先进制造业产业集群。

G60 科创走廊将科技创新与先进制造有机聚合于科创走廊空间范围之内，以打造世界级科技型制造业中心，并探索中国式产业升级与科技创新的空间模式。

一方面，其依托“一廊九区”产业空间布局，绘制松江地区的产业地图，聚焦人工智能、生物医药、集成电路等“6+X”战略性新兴产业，制定“精准招商”路线图，确保精准对接招商。

另一方面，持续深化长三角地区 G60 科创走廊“1+7+N”的产业联盟体系，目前已建立了 16 个产业联盟。

二是推动投入研发资金、制造、基础研发一体化，促进技术创新链条衔接，形成区域协作创新共同体。

广深港澳科创走廊依托香港、广州、深圳三大创新主引擎的功能，不断加强三地创新要素的顺畅流通。其中，广州、香港集聚了一批优质大学、国家重点实验室和国家工程研究中心，深圳集聚了一批具有较高成长性的创新型企业和具备全球创新引领型特征的龙头企业。上述三地以创新“廊道”相连接，加之东莞等地所具有的制造业基础和优势，大大加强了创新资源在这些地区的有效流通和集聚。

三是鼓励构建多元主体机构，推动创新链发展。

广深港澳科创走廊鼓励建设大学、科研机构、企业、事业单位等四类主体在内的机构，从而将科技研发、成果转化、产业孵化、企业培育、投资服务等功能融为一体，分享在技术领域取得的先进科研成果，为企业解决技术难题。

（五）打造一流营商创新环境和高效便捷的政务服务生态

近年来，长三角 G60 科创走廊、广深港澳科创走廊、深哈产业园不断强化制度精准创新和有效供给，构建“市场先行+政府引导”的组织协调机制，营造开放包容的营商环境，创造良好的创新生态。

一是深化改革创新，打造市场化、法治化、国际化一流营商环境。

长三角地区的 G60 科创走廊率先推进 9 市（区）30 个涉企事项“一网通办”，实现 9 市（区）89 个综合服务通办专窗全覆盖，探索推进涉企通办事项登记标准的统一。促进科技资源开放共享，深化“G60 科创云”全要素对接平台建设，实现九城市创新券互认互通全覆盖。牵头成立由国家引导基金参与、9 市（区）共同出资、头部券商投资的 G60 科技成果转化基金，推动 11 家科技成果转移转化基地实现 9 市（区）全覆盖，搭建由高端服务机构组成的科技成果转化落地合作矩阵。

深哈产业园搭建定制化的“园区政务服务中心”和“党群服务中心”，实现“一窗口办理、一站式服务、一平台共享”，努力打通服务企业群众“最后一公里”，推进“秒批”和企业办事不出园区等服务事项的办理。

二是政府引导营造良好的商业环境与创新生态。

相关地方政府通过引导建立和自主设立孵化器、建立产业园等方式，鼓励成功创业者、天使投资人、知名专家担任创业导师，为科技创业者提供创业培训、创业辅导、创投对接等服务，从而为城市创新创业营造良好的商业氛围，构建知识产权确权、保护、快速维权、援助、调解组织体系，并鼓励形成知识产权服务联盟。

例如，深哈产业园设立10亿元规模的深哈产业投资基金和1亿元规模的深哈天使投资基金，对园区产业招商和入驻企业发展提供了有力的资金支持。深哈产业园还坚持以企业为中心，建立市场化的“基础服务+增值服务”运营服务体系，为企业发展提供全要素服务保障，做到“有事服务、无事不扰、服务前移、贴身周到”。

又如，长三角地区的G60科创走廊实施了“清风护航G60”优化经营环境行动计划，严格查处相关单位和部门在政策推广和执行中的折扣、弹性、拖延等形式主义和官僚主义问题。制定《松江区政商交往“亲”单》，从6个方面对咨询量较多、关注度较高的问题给出正向引导，并主动上门做好政策宣传、联系沟通、调研指导、困难解决等，从而不断提升政务服务水平。

对此，中关村科技园区应优化提升自身所在区域的营商环境，创造优良的创新环境，提高区域政务服务水平，从而为科技园区的跨区域发展提供良好的保障。

表6-1为上述三地的典型经验与做法。

表6-1　典型经验与做法

典型做法	长三角G60科创走廊	广深港澳科创走廊	深哈产业园
创新跨区域产业合作平台与协同机制	—	打造创新要素流动畅通、科技设施联通、创新链条融通的跨境合作平台	建立利益分享机制，出台政策规划
建立跨区域、多元主体共治的治理体系	建设专责小组及其办公室；实体化运作长三角G60科创走廊联席会议办公室，出台《长三角G60科创走廊联席会议工作制度》，各城市分别成立G60推进办	—	建立联席会议制度

续表

典型做法	长三角 G60 科创走廊	广深港澳科创走廊	深哈产业园
创建以科创合作为引领、全要素对接的一体化模式	围绕产业链吸引人才，针对重大项目培育人才；精准对接产业与人才需求，提供全方位服务；设立 G60 高水平应用型高校协同创新平台；推动人才链融合一体化	将学科建设与产业发展、技术需求和市场应用结合，为科技创新输送技术型和实用型人才；出台人才吸纳政策	—
探索科技创新与产业转化职能互耦的复合发展模式	针对地区产业发展情况进行精准招商；深化“1+7+N”产业联盟体系，持续建立产业联盟	发挥各地优势，推动投入研发资金、制造、基础研发一体化；建设多元主体机构	—
打造一流营商创新环境和高效便捷的政务服务生态	推进“一网通办”，深化“G60 科创云”全要素对接平台建设；成立 G60 科技成果转化基金；实现“一窗口办理、一站式服务、一平台共享”；实施“清风护航 G60”优化经营环境行动计划；制定《松江区政商交往“亲”单》	—	设立孵化器、建立产业园，为科技创业者提供创业培训、创业辅导、创投对接等服务；鼓励形成知识产权服务联盟；设立产业投资基金；设立市场化的“基础服务+增值服务”运营服务体系

第七章　政策建议

ZHENGCE JIANYI

习近平总书记在向“2023中关村论坛”致贺信时强调，“北京要充分发挥教育、科技、人才优势，协同推进科技创新和制度创新，持续推进中关村先行先试改革，进一步加快世界领先科技园区建设，在前沿技术创新、高精尖产业发展方面奋力走在前列”。

中关村科技园区要打造世界范围内领先的科技园区，就要基于制度创新和科技创新，推动各科技园区的协同创新和联动发展，共同推动京津冀地区的科技创新和产业融合发展。

一、制定跨区域产业联动专项规划，强化顶层设计

对此，应不断强化中关村科技园区的产业规划和顶层设计，结合不同园区的战略区位、资源与产业基础以及科技力量，统筹园区内战略性新兴产业发展规划。应围绕产业布局、战略性新兴产业发展专项资金、重大科技专项、税收分享机制以及要素保障等方面完善相应的政策，结合未来高技术产业发展的重点领域，加强对科技园区的顶层设计和主动布局，分步骤、分类型、分重点地支持各园区科技创新发展。

一是制定中关村科技园区跨区域产业协同发展专项规划。

首先，将打造世界级科技园区、推动京津冀产业协同发展作为规划目标。对此，建议由政府经济发展部门、科技园区管理机构以及工信部等共同参与该专项规划的制定。将产业链区域布局、科技园区共建、重点项目推进、龙头企业培育和合作交流平台搭建等作为规划的重要方面，从而促进中关村科技园区作为世界级科技园区的形成，并带动京津冀三地各科技园区的产业协同联动发展，进而推动京津冀产业协同发展。

其次，专项规划中要注重协调产业转移与承接事宜，以促进跨区域

产业协同联动发展。对此，应综合考虑各科技园区产业发展的态势与优势，并结合京津冀三地产业发展的基础和产业转移的趋势，以适度引导跨区域产业协同的发展建设。

专项规划的内容主要应包括各科技园区产业发展现状评价、条件分析、中长期发展重点以及京津冀三地产业分工与空间分布规划、近期重点项目规划、产业联动发展模式与路径探索及政策保障等。

最后，应避免中关村科技园各园区主导产业的定位高度重叠，而要发挥北京优势与津冀两地的协同发展。对此，应统筹规划明确各科技园区的发展特色与重点领域，尽量将专项规划细分到产业或产业链的某个环节，强调在产业链各环节上的精准施策。例如，在京津冀科技园区的产业协同方面，应将北京的科技创新优势与天津的先进制造研发优势结合起来，加强对关键核心技术的联合攻关，共建京津冀国家科技园区，以提升科技创新的增长引擎能力。又如，河北要发挥环京津的地缘优势，从不同方向打造联通京津的经济廊道，北京、天津要持续深化对河北的帮扶，带动河北各科技园区更好承接京津两地的科技溢出效应和产业转移。

二是完善跨区域产业联动政策体系。

首先，应准确把握“收益共享”和“风险共担”这两个关键点，前者是科技园区跨区域合作的长效机制，后者是其内在要求。对此，各科技园区要共同探索完善政策体系和工作机制，建立跨区域的利益共享机制和合作机制，共同推进软硬两个环境建设，推动各方科技、产业、服务、人才等的有序对接。

其次，完善科技园区跨区域产业转移税收共享机制。对此，可按照3∶3∶4的比例分享科技园区收益，即将中关村科技园区津冀分园税收中地方留成部分的40%作为科技园区的发展基金，其他部分则两地政府各占30%。同时，将前10年的全部税收分成作为政策扶持基金，100%用于支持科技园区及相关产业的发展。

再次，在产业政策上保持一致、公开透明，对此，科技园区应立足京津冀全产业链布局的战略高度，解决跨地区转移企业在统计口径上衔接困难等难题，三地政府要确保在产业方面实现政策互通，强化科技园区间的配套与协作，注重精准施策，推动中关村科技园区的跨区域协同发展。

最后，建立健全数字化转型过程中系统化的政策体系支撑，包括转型主体培育、转型资源供给、转型基础设施配套、转型产业制度完善等，从而助力园区内企业科学高效推进数字化转型，为有关负责部门推进企业数字化转型工作提供指引。

二、健全组织协调机制，营造良好的园区合作氛围

一是搭建政策协调平台，完善政策协调机制。

通过搭建园区内总政策协调平台，加强对政策协调建设情况的分析，有效整合各园区政策机制，及时更新政策信息。在各相关部门之间形成专业分工、高效协作平台的创新布局，从而使各部门之间实现实时交流沟通。

二是加强园区各部门间信息评估交流，实现信息共享。

一方面，定期开展对科技园区内全产业链布局、产业协同发展的动态评估，加强对政策创新、产业链发展、企业集聚等建设进展情况的跟踪、分析。

另一方面，推动跨部门、跨区域信息交流平台建设，有效整合各类信息渠道，及时发布动态信息。利用数字技术和平台打破信息孤岛，加

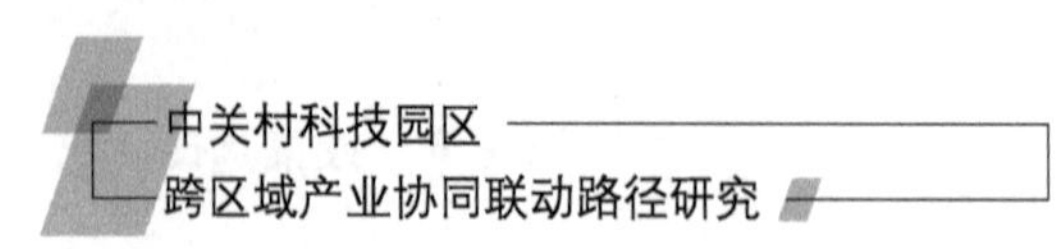

强各园区的产业间交流，在前沿高科技产业领域实施精准投资和战略布局。推动各园区企业之间共享数字技术和信息资源，搭建跨行业、跨地域的数字经济合作平台，从而实现园区内部的资源互利和优势互补，提高协同效果及经济效益。

三是明确权责边界划分，提升协调机制有效性。

首先，动态调整权责清单，做到权责明确、边界清晰，对需要由两个以上部门共同完成的职责事项，明确履职边界，理顺部门职责分工，纳入部门职责边界清单。

其次，强化中关村科技园区领导小组各成员单位的协调配合，完善三地相关部门、各区政府和园区管理机构等各个方面的沟通协调机制。

再次，健全中关村园区与高校、科研院所、企业间协调机制，加强多园、多主体间的专业化分工和协作，探索更高效顺畅的沟通互联渠道。

最后，出台相关政策以解决各方利益冲突。利益诉求差异导致各部门之间存在利益冲突。为实现组织协同，应制定处理利益冲突的相关政策文件，保证在出现利益冲突时形成专业的解决办法，以提高各部门之间的决策执行力度。

三、培育区域性市场体系，创建全要素一体化对接模式

对此，各相关政府部门应建立多层级跨地区的劳动力、金融、技术交易与合作机制，以推动各要素在各科技园区间的自由流动。

一是促进人才流动，增强人才与产业关系的紧密度，从而推动创新链的高效升级。

首先，科技园区应建立科技创新专家信息交流平台，定期发布重大

科技领域人才榜单，增强创新人才储备，建设全球人才高地。

其次，应采用“请进来”和“走出去”相结合的方式，运用调动、兼职、咨询、合作以及技术承包、技术入股、投资创办企业等方式，鼓励跨地区、跨行业、跨部门的人才共用共享。

最后，各相关政府部门应协同完善三地在教育、医疗、社保、住房等公共服务方面的对接机制。例如，在公共医疗服务方面，应尽快统筹医保政策和具体标准，完善医疗保险的跨区域转移和互认制度。此外，应鼓励各园区设立一站式政务服务中心、各类公共服务平台等，并成立园区发展联盟。

二是鼓励创新人才之间互通有无，从而促进知识在不同产业间的传递与交流。

首先，创新人才应具有较强的知识积累和学习能力。创新人才作为创新知识的载体，其在知识交流和传播过程中应发挥知识溢出效应，而通过强化人才间的交流合作，能有效促进知识的共享和传播。

其次，科技园区的科研机构、高校和企业之间可建立知识共享平台，实现知识的共享和交流。

最后，建立知识产权保护实验室、存证固证系统等，以探索建立对新兴领域和业态知识产权的保护制度，从而促进新知识的产生和传播。

三是强化金融服务实体经济功能。

对此，京津冀三地可联合设立产业协同发展基金，支持科技园区内企业、新兴产业和创新创业投融资体系等建设；相关政府部门可鼓励各类银行在重点产业园区开展信用贷款、股权质押贷款、小额贷款保证保险等融资产品创新；支持企业通过并购、信托、债券等进行融资，支持符合条件的民营企业发行企业债券，支持符合条件的企业发行小微企业增信集合债券或创投债券等，从而拓宽科技园区内民营企业和中小微企业的融资渠道；吸引社会资本积极参与，丰富创新基金投入、“借转补”投入、财政金融产品投入和事后奖补投入等财政资金基金投入方式，并深度融入产业政策体系，通过设立创业投资引导基金、产业引导基金、天使投资基金、科创企业成长基金等构建矩阵化“产业基金丛林”，从而面向重点产业和关键领域提供多元化资本支持。

四、创新园区协作模式，完善产业链分工协作

一是有的放矢，规划产业链布局。

首先，选择若干个资源禀赋突出、战略性强的主导产业在区域科技园区内实施全产业链布局，其他产业进行结合发展，以加强企业间的技术关联性，提升企业间多元互补性。此外，三地的中关村科技园各园区也可依据自身优势，适度超前布局生物技术与生命科学、碳减排与碳中和、前沿新材料、量子信息、光电子、新型存储器等未来前沿产业。

其次，细化产业发展路线图，排出任务时间表，集中优势资源，从而形成优势互补、错位发展、相融相促、配套齐全的科技园区产业链发展格局，并以产业链图谱作为依据，进一步提升招商引资力度。

最后，瞄准重点区域、重点产业和重点企业，加大对技术关联、产业链关联的靶向企业的挖掘，以提升产业链的质量和活力。

二是创新园区协作模式，综合各园区的发展优势，对标国际前沿，培育领军企业。

首先，以需求对接、分类引导为导向，创新园区合作模式。各园区在对接合作区域选择方面，应结合不同需求，加强分类引导，探索创新适合不同需求的合作模式，有针对性地进行需求对接，最大限度地满足合作中的多元诉求。

其次，培育聚集一批龙头企业和创新企业，补足产业链条，联合北京地区的高校、研究院所等组建联合创新体，创新组织机制，带动关键技术与零部件的发展和突破。

再次，聚焦各园区发展优势培育关键性的领军企业，支持领军企业牵头组建基地和平台，加强产业共性基础技术研发。根据未来高新技术产业发展的重点领域，在明确各园区发展特色与优势的基础上确定优先培育的技术领域。

最后，中关村示范区要敏锐把握未来产业发展趋势，以全球视野前瞻布局原创性、颠覆性前沿技术研发，加快推动成果转化，全力构建基于新原理、新技术的产业链和价值链，不断催生新产业新业态，率先进入“创新加速、智能提质、生态多元化”的发展新阶段。

三是完善三地产业对接机制，加强优势互补，推动产业联动发展。

对此，应推进北京中关村科技园区的产业发展空间布局向天津和河北两地适度转移，从而形成功能明确、特色鲜明的协同发展园区。加强内部功能协同与服务统筹，加快推进特色园区建设，强化特色园区的产业定位，支持建设高品质、专业化、特色化的产业发展服务平台。

一方面，建立三地政府间产业统筹和对接的工作机制，提升产业互补度。三地政府部门可通过建立不同层级的联席会议制度，就协同发展上的重大事项定期进行共同研究、统筹安排；同时建立三地产业发展的共建共享运作机制，打造利益共同体。

另一方面，形成优势互补合作机制。对此，应以中关村科技园区为核心整合区域创新资源，形成京津冀三地之间基于创新链与产业链的分工协作。例如，依托北京中关村地区高校、科研机构集聚的强大研发力量，发挥其在电子信息、人工智能、新能源汽车、生物医药等高技术产业方面的优势，推动相关产业链在天津、河北两地建立中试平台、孵化加速器和成果转化基地；同时，促进天津、廊坊、沧州等周边节点城市沿交通线布局高技术产业园区和产业走廊，从而为形成产业链协作平台提供必要支撑。

四是优化三地在产业链和创新链等方面的合理分工，将竞争优势转化为互补优势。

一方面，围绕高精尖经济体系的构建，北京着重在高精尖产业的研发设计和应用软件方面、天津着重在终端制造方面、河北着重在零部件配套等方面发力，以实现全产业链布局，建立长期稳定合作机制，从而促进地区产业链的长期发展和各科技园区之间的产业协同联动发展。

另一方面，应认识到津冀地区中关村科技园各园区的产业布局与发展并非要同北京中关村科技园区“抢肉吃”或者“等肉吃”，也非另辟蹊径探寻高技术产业发展的新方向与新业态，而是要屏弃传统产业“低端落后”的标签，立足自身优势，鼓励和支持传统行业企业积极采用先进适用的技术加快改造升级，特别是对传统制造业进行技术改造和数智化、绿色化转型，做大做强高端制造业，将传统制造优势转变成为构建现代化产业体系的竞争强势，从而与北京市共同打造一批世界级先进制造业集群，补齐区域制造短板。

五、发挥北京辐射带动作用，促进创新链与产业链深度融合

一是发挥中关村示范区带动作用，鼓励北京地区的科技园区资源积极向外辐射。

首先，持续推进北京地区的中关村科技园区面向京津冀布局，在区域内移植其成功模式和品牌。

其次，鼓励在京高校、中国科学院等著名科研机构和中关村地区的

龙头科技企业，紧密围绕区域内协同创新的重点产业开展技术性研究，在天津、河北等地建立科技合作示范基地或“科技中试中心”，提升其“造血功能”和内生发展动力。

最后，京津冀三地可联合建立集核心技术研发、标准制定及知识产权交易于一体的技术中心，以强化中关村核心区与各特色科技园区的技术协作和转移，从而提高中关村科技园区的科技创新能力和科技成果转化能力，并增强其整体科创能力。此外，除充分发挥中关村科技园区的辐射引领作用外，还要充分借助北京金融科技与专业服务创新示范区的建设，为津冀地区的中关村科技园各园区建设、产业链与创新链的融合发展提供科技中介等专业服务。

二是提升创新链运转效率，并加快向产业链延伸。

首先，中关村科技园区要完善各种创新条件，汇聚并优化各类创新要素，推进公共服务领域对接合作，探索统一规划、统一标准、统一政策的协同发展新机制，从而形成浓厚的创新氛围和良好的创新环境，强化产业链与创新链的双向融合。

其次，应充分发挥政府部门各类政策工具的优势，及时疏通产业链和创新链在双向融合过程中出现的“堵点”。对此，各地相关政府部门可主持搭建产学研用新型合作平台，充分发挥科技、金融等中介机构对创新链和产业链双向融合的联系纽带作用，加强信息链和资金链等要素在创新链和产业链顺畅运转方面可发挥的功能，并实现其在此过程中对双向融合的支撑作用。

最后，注重发挥市场作为创新“牵引者”的积极作用。对此，应在遵循市场规律的基础上形成政府与市场的协作机制，坚持和完善政策引导机制，根据京津冀各科技园区的发展情况与时俱进地完善和调整政府规划和政策，从而推动科技创新发展实现阶段性跃升。

三是在区域内联合布局重点产业链。

一方面，可分阶段在区域内提出需要重点协同发展的产业并布局其产业链条，以完善产业衔接，同时鼓励北京中关村科技园区内的龙头企业和北京地区的优势创新资源通过“走出去”（如投资共建、参股、并购、授权委托、品牌输出等）等方式整合京津冀区域内的产业链。此外，还可以依托重点产业链布局创新链，打造研发实力雄厚、产品附加值高、核心竞争力强的智能制造产业集群，提高产业集中度，在全国范围内召集优质科技企业落地京津冀，以此形成产业联动协作效应。

另一方面，采取“政府政策+龙头企业+融资担保+产业链中小企业”的模式，培育一批具有国际竞争力的世界一流企业和“专精特新”中小企业，从而不断完善产业生态系统，加快推动重点产业链的形成。

四是鼓励国企加大科技创新投资，激发创新活力。

一方面，充分利用包括中央企业在内的国企比重较高的优势，强化国企科技创新“主力军”的作用。强化国企在创新链中的引领作用，加快创新链与产业链的精准对接，充分发挥国有经济在科技创新关键领域的战略支撑作用。依托国企独特优势，超前布局前沿技术和颠覆性技术，统筹利用国内外创新资源要素，进一步强化国家战略科技力量建设，在载人航天、深海探测、高端装备、移动通信等领域提高创新能力，以在多项“卡脖子”技术方面取得突破。

另一方面，发挥国企在产学研用中的协同创新作用。国企要主动承接国家重大科技项目，引领和带动培育更多具有自主知识产权和核心竞争力的创新型企业；吸收更多企业参与研究制定国家技术创新规划、政策以及标准，支持国有创新领军企业牵头组建创新联合体，集成高校、科研院所的科技成果，有效整合行业上下游创新资源；推动国企与高校、科研机构等开展战略合作，支持科研人员服务企业技术创新。

六、构建全球顶尖的创新策源地，推动建设世界级先进制造业集群

一是集成全球科技精英，以构建世界级的人才高地，专注于吸引全球顶尖的科技创新人才。

对此，应聚焦中关村的主导产业板块，积极引进全球最杰出的科学家、高被引的学者以及首席科学家等科技领军人物，广泛吸纳国际、国内的顶尖人才参与创新研究，从而塑造一个全球性的顶尖人才聚集区。

同时，应细化和完善技术移民的相关政策体系，明确界定外籍人士申请永久居留的具体要求，并在评估标准中强化科技创新成果的重要性。同时，加速推进制定针对中关村示范区的外籍人员工作管理法规，对持有永久居留身份的高端科技人才，在创业辅导、人才激励政策等方面为其提供相应便利，并设计针对科技人才及其家属的专属签证方案。

此外，应加强对基础学科与前沿交叉学科领域复合型人才的引进强度，激励高端制造业和前沿科技企业建立博士后研究站，以支持具有显著发展潜力的中青年科研工作者（不论其国别），进行开创性和原创新的研究。

不仅如此，还应鼓励中关村示范区的人力资源服务机构与国际顶级机构建立协作关系，以在全球人才竞争格局中占得先机。

二是培育世界一流的科研机构，增强国家层面的科技创新能力。

这一方面的重点在于：高水平推动中关村国家实验室体系的建设。对此，应聚焦人工智能、先进制造、尖端生物医药、新材料等基础科学与前沿技术领域，深入推动国家实验室建设，通过跨学科整合、大规模协同以及全链路创新等模式，实现一系列开创性重大创新成果的突破。

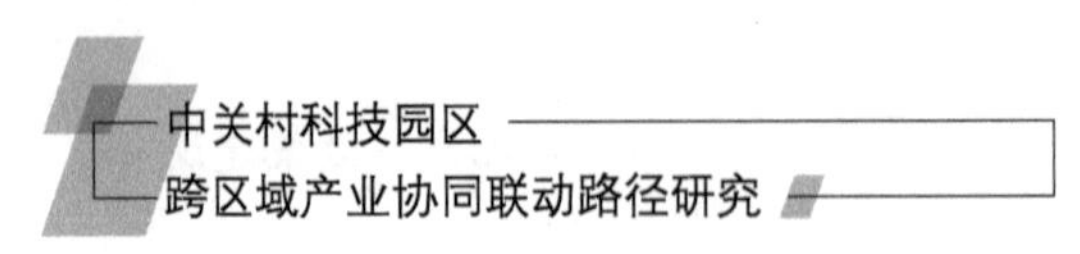

同时，应针对科技应对公共卫生挑战、科技助力冬奥会、航天航空等国家重大战略需求，构建以国家实验室为核心的原始创新体系，集中破解涉及国家安全的关键技术难题。

此外，应规划建立多所与国际水平对标的高等研究型学府。例如，为清华大学、北京大学、中国科学院大学、北京航空航天大学、北京理工大学等顶尖学府提供支持，从而助其向全球一流大学行列迈进，为中关村科技园区的创新生态系统提供强有力的学术支撑。

不仅如此，还应着眼国际科技前沿，倡导高校在中关村布局前沿学科与交叉学科，从而促进高校与中关村科技园区中的企业、科研机构等进行合作，共建产学研深度融合的研究平台，以促进基础研究领域的重大突破。

在此基础上，还应持续吸引全球领先的科研机构来此聚集，以提升中关村科技园区现有研发机构的层次，新建与国际标准相匹配的新型研发机构，并推动国家产业创新中心、技术创新中心在中关村地区的布局。构建国际科技合作的实体平台，鼓励外资企业与本地研发机构建立联合研发机制，以引入国际高端创新资源。与此同时，应探索研发机构管理及运作机制的创新，特别是在研发资金的高效配置、国际人才引进的便利化等方面，从而推动体制与机制的改革创新。

三是推动关键技术的突破性进展，强化自主研发的前沿创新与核心技术的攻克。

在这一方面，应着重关注生命健康、人工智能、先进生物医学、新材料、新能源等战略产业领域。此策略旨在组织并推进对“瓶颈”技术及核心部件的技术突破，实现一系列创新性重大科技成果，以占据全球创新竞赛的科技高峰。

对此，应通过与邻近高等教育机构的紧密合作，共同建立产学研一体化的研究基地，优先实现对社会经济发展具有重大影响的关键技术的前沿性突破。

此外，应增强国家级与市级重大科技项目的定向资助力度，以激励各种创新主体和私人资本主动发起或参与攻克核心及关键技术项目，从而构建一个灵活、高效且规范的多层次技术研发体系。

同时，应致力于孕育一批引领行业变革的重大原创性科技成果。特别是，应在诸如新一代人工智能、区块链、量子信息、5G 技术等第四次工业革命的关键领域，加强对中关村科技园区在基础研究方面的资源投入与支持，鼓励跨学科、跨领域的交叉研究，以促进重大原创性科技成就的诞生。

在此基础上，还应面向国际科技前沿，加速培养具有前瞻性的战略性新兴产业，以确保在人工智能、先进生物医学、新材料、区块链、量子信息等前沿科技领域产出一系列重大的原创性科技成果。

不仅如此，还应积极鼓励社会资本对基础研究的支持与参与，加大创新活动中研发经费的投入力度，并为在基础研究领域取得显著成效的科研机构提供专门的资金支持，以进一步激发科研创新活力。

七、打造高端产业生态，培育国际领先的创新产业集群

一是强化数字经济的引领效能，加速构建具有国际竞争力的高精尖产业生态系统。

就这一点而言，应积极拓展数字经济的新业态与新模式，强化数字基础设施建设，着重推进大数据、人工智能、云计算、数字孪生技术以及区块链等新一代数字技术的商业化应用，从而为数字经济的蓬勃发展奠定坚实基础。

同时，应加快推动传统产业向数字化的转型，以赋能其创新力，专注于构建诸如数字化交通、远程健康服务、智能制造业、低碳导向的数字能源解决方案以及数字金融服务等关键领域，从而实现生产模式向数据导向与智能制造的深刻转变。

在此过程中，中关村科技园区应扮演先行者的角色，率先推进数字经济支撑平台的构建，积极搭建跨界工业互联网平台，并前瞻性地布局人工智能大规模应用平台，以促进数字产业链上各环节之间的协同共生与全面发展。

二是精密规划高技术产业的前沿布局。

首先，应加强新一代信息技术与生物健康这两大核心产业的引领效应。对此，应紧抓第四次工业革命带来的历史契机，以聚焦技术前沿及促进跨界融合为战略重点，全力推动人工智能、大数据、云计算、物联网、区块链等新一代信息技术产业的创新发展，并加速这些技术与传统产业的深度整合。同时，促进生物与健康产业的繁荣发展，对此应着重于高端医疗器械、精准医疗技术、创新药物业务等新兴领域的拓展。

其次，应高品质推动先进制造业、现代化交通运输、新能源与环境保护、新材料等四个关键产业的发展。其中，在先进制造业方面，应侧重于以智能装备的制造为核心，强化物联网及信息技术在交通现代化中的广泛应用；在新能源与环保产业方面，既要扶持其成长，也要积极研发新型环保材料，以期在这些领域内实现科技前沿的突破；等等。通过这些措施，旨在构建一个既符合科技发展趋势又能带动产业升级的高技术产业体系。

三是前瞻性地孵化面向未来的关键性新兴产业。

对此，应精准洞悉全球产业动态，立足国际前沿视角，科学规划基因编辑、量子信息技术、新型超导材料、无人科技、未来互联网、尖端

航空航天等具备颠覆潜能的未来产业领域，以抢占科研成果突破的先机。

同时，应强化区块链技术、智慧城市构建、医疗健康与5G自动驾驶等前沿科技的深度融合与应用场景创新，以促进新型产业形态与业务模式的衍生。

四是孵化全球顶尖的科技创新企业，强化国际创新引领力。

对此，应培育拥有全球竞争力的领航型企业，紧密围绕构建世界级高精尖产业生态系统的目标，积极推动中关村区域内的行业龙头与顶尖科技企业在全球范围内设立研发中心，并积极加大科研投入比例，从而显著增强企业的自主创新能力与研发实力，促使企业创新竞争力发生根本性蜕变。

此外，应聚焦科技前沿地带，力争在关键核心技术领域实现率先突破，以掌握在未来科技竞争中的话语权，致力于培养具有强大国际竞争力的全球性领航企业。同时，应加速培育世界级的独角兽企业和高速成长的瞪羚企业，特别是在人工智能、新兴文化娱乐、智慧物流、出行服务等新兴业态中，应主动孕育更多的创新型公司，以进一步优化创新资源的配置与布局。

五是提升产学研融合效能，加速科技成果的就地转化与应用。

对此，应推动产学研协同互促发展，加速构建学界-业界-政府之三元创新合作模型，优化和完善中关村地区的产学研协同创新激励体系，促进形成相互依赖、专业分工明确的合作模式，营造有利于知识与技术自由流动与共享的开放式创新生态系统。

为此，加强产业园区内企业与政府、高等院校、科研机构及社会服务组织间的沟通与合作，利用高校的科研资源推动科技成果的实际应用。同时，各高校也可根据企业反馈的市场需求调整研究方向，以实现科研与实践的良性循环。

当前，中关村的部分创新成果已在上海、深圳等地成功实现转化，未来的策略将着重于促进科技成果在北京、天津、河北等地区实现更高效的就地转化，以带动区域协同创新能力的全面提升，形成区域间协同创新的聚合效应。

其核心策略是：依托中关村科技园区作为创新资源的中心节点，促进京津冀三地基于创新链和产业链的紧密合作与分工；充分利用北京中关村地区的高校和科研机构的雄厚研发能力，发挥其在电子信息、人工智能、新能源汽车、生物医药等高技术产业方面的优势，推动在天津、河北等地建立中间试验平台、孵化器和成果转化中心，从而助力天津、廊坊、沧州等沿线城市沿交通轴带发展高技术产业园区和创新走廊，为中关村的科研成果转化提供实质性的地域支撑。与此同时，协同推进京津冀创新共同体的构建，加速消除制度与机制障碍，激活区域内科技创新要素的自由流动，预先布局创新驱动发展战略，从而确保在创新竞争中占据先机。

八、加强国际创新开放合作，建设全球创新网络的关键枢纽

一是提升中关村科技园区在全球创新资源中的优化配置效能，以增强其在国际创新体系中的辐射力与影响力。

对此，应强化中关村科技园区对外部创新资源的整合能力，主动吸纳国际顶级的跨国公司与跨国研发机构，汇集中外优质创新要素，从而将中关村地区构建成全球创新资源流动的中枢节点与汇聚中心。

同时，应强力推动中关村地区的领军企业与海外知名研究机构联合

设立海外科技创新据点，致力于培育具有全球影响力的科技领航企业，从而提升中关村科技园区在全球科技创新网络中的地位与决策影响力，强化其作为全球创新策源地与资源配置枢纽的角色效应。

此外，应积极吸引高品质的国际创新投资，激励世界领先的科技服务企业赴中关村科技园区设立创投基金，从而构建起多维度的创新资本生态系统。

二是致力于提升在国际标准制定中的参与度，以增强全球创新网络中的话语权。

此举包括：主动融入行业标准与国际标准的制定过程，遵循技术专利化、专利标准化、标准国际化的总体导向，实施科技标准战略，动员并指导园区内企业及各类行业协会深化技术标准的研究工作，不仅要主动参与，而且要争取主导行业标准及国际标准的制定。

同时，应优化从科技到技术标准再到技术成果转化应用的闭环反馈机制，鼓励产业技术创新战略联盟引领市场参与者共同制定团体标准，以增强中关村科技园区在全球行业标准设定中的话语权。

此外，应加速自主创新与技术标准的有机结合，将国际行业标准的制定与中关村企业的科技创新、经营策略等深度整合，利用标准化手段推动创新成果的质变，从而凭借核心技术和竞争优势，积极介入国际规则的形塑之中。

三是深化全球科技伙伴关系，拓宽科技交流与合作的边界。

对此，应增强国际科技合作的广度与深度，定期策划举办各类跨国科技交流盛事，持续强化“中关村论坛”的品牌效应，主动发起设立国际学术联盟，并积极融入全球科学社群与国际会议网络，以扩大科技创新的国际合作与对话空间。

同时，应积极吸引国际顶级科研机构与高等学府在中关村设立研究分支，并鼓励我国科研单位及高等院校在“一带一路”沿线区域建立科技创新平台，以拓展科技合作的地理范畴与领域范畴。

此外，应激励科研机构投身跨国科研合作项目，携手国际顶尖研究团队共同推进大型科学研究计划与工程，力求在“从无到有”的原创性研究领域取得更多重大突破。同时，应支持全球创新链条上的技术协同，以促进产业链上下游企业间的知识交流与技术对接，从而释放协同创新的潜能，携手解决制约发展的关键技术瓶颈，以科技创新回应全球共通的挑战与期待。

九、加大先行先试力度，营造世界领先的创新生态系统

一是构建开放包容的创新生态系统，塑造人才创新创业的乐土。

对此，应营造一种开放、宽容、鼓励分享的社会创新文化，推崇并传播接纳不同背景人群参与的创新创业理念，尤其要强调对国内、国际青年才俊等群体创新活动的激励与扶持，孕育一批具有示范引领作用和高成长性的企业家群体，从而树立尊重并珍视创新人才的社会风气。

与此同时，应不断优化和完善中关村科技园区的创新创业软环境，加大对众创空间、孵化器、加速器、高校科技园等创新孵化平台的支持力度，从而构建起集资源集成、服务便捷于一体的科技创业综合服务平台，为创新创业者提供全方位、全链条的服务与支持。

二是构建全链条、高水准、专业化的技术服务体系，激活创新市场的内在活力。

对此，应提供贯穿企业成长全周期的科学技术服务，吸纳国际顶尖科技服务企业，对接全球先进的技术服务资源，打造覆盖从科研创新到成果应用的全链条高端专业化服务体系，从而孕育高品质的创新孵化器

和加速器。

同时，应积极探索金融科技的创新路径，鼓励外资、国资及其他风险投资机构的广泛参与，以形成多元化、充满活力的创新资本生态系统，从而为企业的创新活动提供强有力的资金支持。

此外，应着重提供包括资本运营、技术咨询、标准制定在内的多项专业服务，以促进高校、科研机构与企业等创新主体的有效对接，加速科技成果向实际应用的转化。

在机制创新上，应率先构建统一高效的投资促进、创业支持与科技资源共享平台，以优化创新资源配置，精确提供高质量的科技服务，促进创新生态的高效协同与可持续发展。

三是塑造高端城市生态环境，构筑宜居宜业的美好都市空间。

对此，应着力营造服务卓越、活力充沛的城市生态系统，尤其是要关注、吸引全球科技人才并积极满足其需求，从而全面提升城市公共服务的效能与质量，构筑高效、便捷且亲和的创新生态环境。

在优化城市居住环境方面，应考虑规划并建设包括国际人才公寓、创新创业社区、科学家专属住宅等在内的多种类型的居住设施，并扩大优质租赁房源的供应，从而为全球科技人才提供丰富多样的居住选项，满足其个性化居住需求。

同时，应升级城市医疗保健水平，建立高标准的国际医院、社区医疗机构及专科诊疗网络，以增强医疗服务的国际化特色，确保国内外创新人才享受高端、周到的医疗服务保障，从而全面促进其健康福祉，为构建集创新活力与生活品质于一体的现代都市奠定坚实基础。

四是充分利用“三区”政策叠加的特殊优势，推动制度与机制创新。

对此，应优化创新协调机制，构建专业精细、协同高效的创新布局

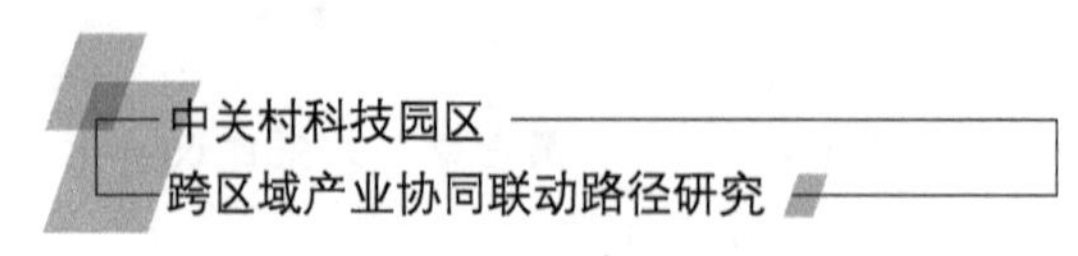

体系，确保各领域间的无缝合作。

应深化央地协调机制，科学整合与调配科技创新资源，妥善平衡中央与地方利益，实现共赢；强化“三城一区十六园”的统筹协调，加深各园区之间、与未来科学城及怀柔科学城的专长分工与协作，以探索建立畅通无阻的沟通桥梁，促进协同创新。

应加强重大项目协调推进机制，以重大工程项目和平台为依托，统一调度各方创新主体，整合资源，共同探索产业与创新政策改革的试点路径。

应探索并实施更为灵活的人才发掘与培养机制。改进人才发现机制，建立中关村科技创新专家信息交流平台，定期发布关键科技领域的人才排名，挖掘杰出科技人才，强化高层次创新人才的储备。完善人才评价与激励机制，对科研人员实行分类评价，针对基础研究、前沿技术研究、应用研究及成果转化等不同领域制定差异化评价标准，提升评价体系的科学性和针对性。健全薪酬激励机制，确保科研机构内部分配向核心科技领域人才倾斜，加大对重大科技贡献者的奖励力度，激发创新动力。

应构建促进科技创新与金融互动的新型体制。充分发挥创业引导基金的引领作用，鼓励金融机构创新服务产品，以满足中关村创新创业者的需求，为科技创业者提供财政、金融、税收等方面的优惠政策。

应重视风险投资机构、技术交易平台等创新服务组织的规范发展，吸引国际知名风投机构入驻中关村，从而加速建设富有竞争力的风险投资生态系统，为创新提供充足的资金支持。

十、优化空间布局，打造更加合理的科技创新空间载体

一是强化核心区域的综合性规划与管理。

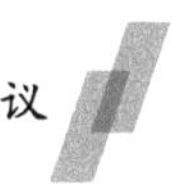

中关村科技园区的核心组成部分，即“三城一区十六园”，涵盖了中关村“一区六园”、怀柔科学城及未来科学城等关键区域。当前，这些园区在地理位置上较为分散，亟待通过加强整体规划与统一管理，以整合资源，凝聚区域内的创新力量。这一整合不仅要深化“一区六园”之间的差异化定位与职能分工，而且要增进中关村与怀柔科学城、未来科学城在创新活动中的联系，以协同调配科技创新资源，携手构建具备国际影响力的科技园区。

在创新空间与资源的整合上，应致力于形成高度专业化且有序分工的科技发展布局。对此，应依据各分园区的既有产业基础和未来发展需求，每个分园应明确聚焦 1~2 个主导产业（特别是那些前沿高技术和未来导向的产业），目的是构建以高端产业为引领、各园区间错位发展且协同合作的全新创新生态体系。

二是增强中关村科技园对其拓展区域的辐射与拉动效能。

当前，中关村科技园区的拓展区域概念已扩展为“三城一区十六园两翼”。所谓“两翼”，特指将北京城市副中心与雄安新区作为其东西两翼，此举显著拓宽了中关村科技园的地域影响力边界。

随着中关村科技园建设的深入发展，其得天独厚的创新资源与丰富的科技潜能将进一步得到释放，从而对北京城市副中心的科技创新功能的强化以及雄安新区创新驱动战略的实施产生强有力的牵引作用，促使创新人才与资源进一步向这两片新兴区域汇集。

强化中关村对“两翼”的创新驱动引领，旨在释放该区域的内在创新活力。对此，应充分利用中关村的创新引领优势，通过差异化战略指导上述两翼地区的协同发展，以构建起既专业分工明确又协同互补的区域创新生态系统。其中，北京城市副中心应聚焦于强化科技创新的核心功能，以优化北京市域内的科技资源配置，从而为将中关村科技园区建设成为全球领先的科技园区提供坚实的腹地支撑。

三是促进中关村科技园区与北京市域的深度融合，加速产城一体化进程，推动其向“创新型城区”转型升级。

中关村科技园区的整体布局覆盖“三城一区十六园两翼”，并与北京市全境紧密相连。为实现建设世界顶级科技园区的愿景，中关村科技园区将不断拓展、创新地理边界，推动从传统“产业园区”向综合型“创新城区”的重大转变。这一转变旨在加速该园区向城区功能的进化，从而构建全球领先的创新生态体系，使整个城市空间成为促进创新活动的沃土。

为此，应依托中关村国家自主创新示范区、自由贸易试验区、服务业扩大开放综合示范区等的政策叠加优势，实施“三区联动”战略，鼓励在制度与机制上先行先试，引领从“科技园区”向“创新城区”的模式转换。

由此，围绕科研链条的各个环节——从基础研究、应用研究、成果转化到高精尖产业培育，中关村科技园将培育一系列众创空间和创业孵化器，以此构建高质量的市域创新生态系统，营造鼓励创业、开放且包容的社会创新环境，从而全面促进创新资源与城市发展的深度融合。

附　录

近年来中关村科技园产业协同发展的政策梳理见附表 1。

附表 1　近年来中关村科技园区产业协同发展的政策梳理

发布部门与发布时间	政策名称	主要内容
中关村管委会（2014）	《关于加快培育大数据产业集群 推动产业转型升级的意见》	加快培育中关村大数据产业集群，充分发挥大数据在工业化与信息化深度融合中的关键作用，推动中关村示范区产业转型升级，等等
北京市规划和国土资源管理委员会（2017）	《北京城市总体规划（2016 年—2035 年）》	加强一区十六园统筹协同，促进各分园高端化、特色化、差异化发展。延伸创新链、产业链和园区链，引领构建京津冀协同创新共同体，等等
中关村管委会（2019）	《中关村国家自主创新示范区高精尖产业协同创新平台建设管理办法（试行）》	围绕新一代信息技术、生物健康、高端装备与先进制造、新材料、新能源与节能环保等中关村示范区重点发展产业，聚焦前沿技术成果转化和产业化关键环节，布局建设创新平台，等等
中关村管委会（2019）	《关于精准支持中关村国家自主创新示范区重大前沿项目与创新平台建设的若干措施》	支持高精尖产业协同创新平台建设。支持中关村企业和高水平研究机构，围绕重点产业创新发展需求，充分发挥中关村示范区科技和人才优势，深化体制机制改革创新，建设对产业发展有重大带动作用的协同创新平台，推进产学研用深度融合，促进产业上下游和大中小企业融通发展，优化产业创新生态，重点开展合作研发、技术转移和成果转化、共性技术研发和开放服务、工程化技术集成、规模化试生产等高端研发服务或生产性服务等
中关村管委会（2020）	《中关村国家自主创新示范区数字经济引领发展行动计划（2020—2022 年）》	支持一批数据交易、中试基地、产业协同创新平台建设，积极探索、试点落地一批创新政策，营造符合数字经济发展需求的良好产业生态和政策环境，等等

续表

发布部门与发布时间	政策名称	主要内容
中关村管委会（2020）	《中关村国家自主创新示范区关于推进特色产业园建设 提升分园产业服务能力的指导意见》	到2022年，中关村示范区产业布局要更加优化，体制机制持续创新，创新创业环境进一步改善，各分园产业服务能力显著提升，主导产业地位突出，高端化、特色化、差异化发展态势基本形成；要从加强顶层设计、突出产业及细分领域特色、链接服务资源、服务企业“走出去”、推动特色产业园协同发展等五方面推进特色产业园建设；鼓励各分园引入或设立专业化、市场化、国际化的产业促进服务机构，推动产业促进服务机构围绕主导产业形成以产业研究、企业服务、资源导入、环境营造等为基础的产业服务体系；等等
中关村国家自主创新示范区领导小组（2020）	《中关村国家自主创新示范区统筹发展规划（2020年—2035年）》	强化统筹协同发展，搭建中关村示范区各分园产业空间资源对接平台，建立产业发展空间的动态调整机制；强化聚焦集约发展，推进中关村示范区产业发展空间布局由中心城区向平原地区新城适度转移，强化存量土地和空间资源利用，提升各分园聚集效益和发展能级；强化引导分园创新发展，围绕营造优质创新创业生态，提出推动中关村人才特区建设、推动技术转移和成果转化、促进科技与金融深度融合、打造全球创新网络的关键枢纽、强化与国内重点区域创新合作、提升创新治理水平等方面的方向性要求等
中关村国家自主创新示范区领导小组（2021）	《“十四五”时期中关村国家自主创新示范区发展建设规划》	推动一区多园协同发展，提升园区引领带动作用：优化产业空间布局，加强高精尖产业空间载体建设，提升园区专业服务能力和绿色智慧发展水平，完善一区多园统筹协同发展机制，加强京津冀及全国示范引领，等等
北京市科委、中关村管委会、北京市教委、北京市经济和信息化局、北京市财政局及市卫生健康委（2022）	《关于在中关村国家自主创新示范区核心区开展高等院校、科研机构和医疗卫生机构科技成果先使用后付费改革试点实施方案》	围绕科技成果转化链条精准施策，完善成果转化体系；聚焦成果源头，制定科技成果评价的实施意见；围绕成果转化基础设施建设，对技术转移机构和技术经理人提出解决方案；针对交易定价等难点，提出“先使用后付费”的模式创新；等等

续表

发布部门与发布时间	政策名称	主要内容
北京市科委、中关村管委会、北京市人力社保局（2022）	《关于支持外籍人才来京创新创业有关事项的通知》	支持来京外籍博士毕业生申请办理人才签证，最长有效期 10 年，并支持来京创业的外籍人才通过园区或孵化载体申办来华工作许可，等等
科技部、北京市人民政府、国家发展改革委、教育部、工信部、财政部、人力资源和社会保障部、国务院国资委、中科院、工程院、国家移民管理局、自然科学基金委（2023）	《深入贯彻落实习近平总书记重要批示　加快推动北京国际科技创新中心建设的工作方案》	加快建设中关村世界领先科技园区。制定实施中关村世界领先科技园区建设方案，以理念领先带动原始创新、人才发展、一流企业、高端产业、创新生态的全面领先，大力提升专业化、市场化、国际化运营服务水平，持续强化中关村科技创新出发地、原始创新策源地、自主创新主阵地的功能定位，打造北京国际科技创新中心建设的突破口。统筹推进中关村“一区多园”发展，实行更具有竞争力的土地、财政、金融、人才等政策，推动项目、资金、人才、基地等一体化配置，打造中关村高品质科技园区，等等

参考文献

[1] 王松，胡树华．我国国家高新区马太效应研究：兼议国家自主创新示范区的空间布局［J］．中国软科学，2011（3）：97-105.

[2] 胡树华，解佳龙，牟仁艳，等．国家高新区竞争力空间动态差异研究［J］．科技进步与对策，2013，30（11）：29-33.

[3] 解佳龙，周文婷．国家高新区创新脆弱性评价及障碍诊断［J］．科技进步与对策，2023，40（12）：78-87.

[4] 魏丽华．京津冀产业协同水平测度及分析［J］．中国流通经济，2018，32（7）：120-128.

[5] 张敬文，李一卿，陈建．战略性新兴产业集群创新网络协同创新绩效实证研究［J］．宏观经济研究，2018（9）：109-122.

[6] 胡大立．基于企业集群的科技园区发展问题研究［J］．科技进步与对策，2004（8）：113-115.

[7] 王大伟，葛继平．大学科技园促进区域经济发展研究［J］．中国高校科技与产业化，2011（3）：78-80.

[8] 张忠德．高新科技园区创新系统运行机制研究［J］．科技管理研究，2009，29（6）：33-35，39.

[9] 杨萍．我国战略性新兴产业与传统产业协同发展路径研究［J］．改革与战略，2014，30（12）：125-127.

[10] 董树功．协同与融合：战略性新兴产业与传统产业互动发展的有效路径［J］．现代经济探讨，2013（2）：71-75.

［11］徐华．三次产业协同发展机制及其产业政策［J］．中国经济问题，2010（6）：34-41.

［12］孙瑜康，李国平．京津冀协同创新中北京辐射带动作用的发挥效果与提升对策研究［J］．河北经贸大学学报，2021，42（5）：78-84.

［13］祝尔娟，鲁继通．以协同创新促京津冀协同发展：在交通、产业、生态三大领域率先突破［J］．河北学刊，2016，36（2）：155-159.

［14］李国平．京津冀产业协同发展的战略定位及空间格局［J］．前线，2017（12）：92-95.

［15］梅姝娥，仲伟俊，胡义东．"二次创业"阶段我国高新区发展水平评价指标体系研究［J］．科技与经济，2004（4）：15-19，29.

［16］巫英坚，李楠林．高新区二次创业与区域创新体系［J］．中国科技产业，2004（8）：7-12.

［17］马宗国，刘亚男．世界领先科技园区发展的逻辑转向、国际经验与中国路径［J］．经济纵横，2023（6）：68-76.

［18］刘满凤，李圣宏．基于三阶段 DEA 模型的我国高新技术开发区创新效率研究［J］．管理评论，2016，28（1）：42-52，155.

［19］谢永琴．产业集群理论与我国高新区发展研究［J］．生产力研究，2004（10）：124-125，142.

［20］俞凯华．基于产业集群的高新区发展导向研究［J］．科技进步与对策，2006（1）：59-61.

［21］王欢芳，张幸，宾厚，等．共享经济背景下战略性新兴产业协同创新机制研究［J］．科学管理研究，2018，36（4）：28-31.

［22］陈劲，阳银娟．协同创新的理论基础与内涵［J］．科学学研

究，2012，30（2）：161-164.

［23］孙久文，张红梅．京津冀一体化中的产业协同发展研究［J］．河北工业大学学报（社会科学版），2014，6（3）：1-7.

［24］邬晓霞，卫梦婉，高见．京津冀产业协同发展模式研究［J］．生态经济，2016，32（2）：84-87.

［25］张铁山，高洪深，吴永林，等．中关村科技园区技术创新战略选择分析［J］．数量经济技术经济研究，2003（1）：5-9.

［26］刘玲，沈体雁．中关村科技园区在北京城市空间扩展中的地位与作用［J］．人文地理，2003（1）：66-69，89.

［27］苏文松，郭雨臣，苑丁波，等．中关村科技园区智慧产业集群的演化过程、动力因素和集聚模式［J］．地理科学进展，2020，39（9）：1485-1497.

［28］王胜光，朱常海．中国国家高新区的 30 年建设与新时代发展：纪念国家高新区建设 30 周年［J］．中国科学院院刊，2018，33（7）：693-706.

［29］刘根荣．论“二次创业”阶段中国高新区支撑服务体系的完善与创新［J］．特区经济，2002（6）：22-24.

［30］刘会武．国家高新区 30 年：评价指标演变及新的指引方向［J］．科技中国，2018（9）：78-82.

［31］王德禄．硬科技创业是高新区三次创业的核心［J］．中关村，2019（6）：68.

［32］周元，王维才．我国高新区阶段发展的理论框架：兼论高新区“二次创业”的能力评价［J］．经济地理，2003（4）：451-456.

［33］唐琼．基于以创新为核心的高新区演化阶段特征及实证研究［J］．特区经济，2011（8）：270-272.

[34] 解佳龙，胡树华，王利军．高新区发展阶段划分及演化路径研究［J］．经济体制改革，2016（3）：107–113.

[35] 张伟，顾朝林，陈田，等．中国高新技术区的综合评价［J］．地理研究，1998（3）：10–18.

[36] 吴林海．中国科技园区技术创新能力综合评价［J］．经济理论与经济管理，2001（4）：34–38.

[37] 杨青，潘祥杰，梁靖廷．高新科技园区服务体系的服务能力评价研究［J］．科学学与科学技术管理，2002（3）：46–48.

[38] 王艺明．我国高新区的技术效率、规模效率与规模报酬［J］．上海经济研究，2003（8）：46–53.

[39] 刘鹤．我国高新技术产业开发区运行效率评价［J］．科技进步与对策，2009，26（10）：117–120.

[40] 苏林，郭兵，李雪．高新园区产城融合的模糊层次综合评价研究：以上海张江高新园区为例［J］．工业技术经济，2013，32（7）：12–16.

[41] 白素霞，陈彤．中国高新区高新技术产业创新效率探析［J］．经济体制改革，2021（2）：68–73.

[42] 梁向东，阳柳．国家自主创新示范区创新驱动效率测度及政策评价［J］．中国软科学，2021（7）：131–142.

[43] 李向东，孙建军，洪雁平．从硅谷成功看我国高新区发展的问题与对策［J］．经济体制改革，2002（2）：81–84.

[44] 陈家祥．国家高新区功能演化与发展对策研究：以南京高新区为例［J］．人文地理，2009，24（2）：78–83.

[45] 刘京，郑丽娜．路径创造与我国高新区技术创新方式的转变［J］．科研管理，2016，37（S1）：98–102.

[46] 刘骏，黄法青，黄聿舟. 创新驱动下高新区集聚与扩散功能实现路径 [J]. 科技进步与对策，2018，35（4）：44-49..

[47] 陈雅兰，雷德森. 海峡两岸高科技园区协同发展的前景与对策 [J]. 中国软科学，1999（3）：43-50.

[48] 庄裕美. 海峡两岸科技园区协同发展的可行性研究 [J]. 福州大学学报（哲学社会科学版），2000（2）：57-60.

[49] 秦智，吕喜梅. 粤桂黔高铁沿线国家高新区产业协同发展的实证研究 [J]. 海南金融，2016（11）：84-88.

[50] 苏文松，方创琳. 京津冀城市群高科技园区协同发展动力机制与合作共建模式：以中关村科技园为例 [J]. 地理科学进展，2017，36（6）：657-666.

[51] 胡大立. 产业关联、产业协同与集群竞争优势的关联机理 [J]. 管理学报，2006（6）：709-713，727.

[52] 徐力行，高伟凯. 产业创新与产业协同：基于部门间产品嵌入式创新流的系统分析 [J]. 中国软科学，2007（6）：131-134，140.

[53] 张淑莲，刘冬，高素英，等. 京津冀医药制造业产业协同的实证研究 [J]. 河北经贸大学学报，2011，32（5）：87-92.

[54] 陈宜海. 合肥都市圈产业协同性研究 [D]. 合肥：安徽大学，2017.

[55] 魏丽华. 京津冀产业协同水平测度及分析 [J]. 中国流通经济，2018，32（7）：120-128.

[56] 陈燕，林仲豪. 粤港澳大湾区城市间产业协同的灰色关联分析与协调机制创新 [J]. 广东财经大学学报，2018，33（4）：89-97.

[57] 刘雪芹，张贵. 京津冀区域产业协同创新能力评价与战略选择 [J]. 河北师范大学学报（哲学社会科学版），2015，38（1）：

142–148.

［58］张羽，蹇令香，宓淑婧．粤港澳大湾区产业的协同发展［J］．大连海事大学学报，2019，45（3）：24–31.

［59］李小玉，李华旭．长江中游城市群数字经济产业协同发展水平评价研究［J］．经济经纬，2022，39（6）：88–97.

［60］刘冲，李皓宇．基于投入产出表的京津冀产业协同发展水平测度［J］．北京社会科学，2023（6）：37–48.

［61］吴晓波，曹体杰．高技术产业与传统产业协同发展机理及其影响因素分析［J］．科技进步与对策，2005（3）：7–9.

［62］苏文松，方创琳．京津冀城市群高科技园区协同发展动力机制与合作共建模式：以中关村科技园为例［J］．地理科学进展，2017，36（6）：657–666.

［63］高怡冰．珠三角城市群协同创新的驱动因素：基于哈肯模型的动态分析［J］．科技管理研究，2020，40（22）：85–93.

［64］孙久文，邢晓旭．京津冀产业协同发展的成效、挑战和展望［J］．天津社会科学，2024（1）：48–57.

［65］李琳，刘莹．中国区域经济协同发展的驱动因素：基于哈肯模型的分阶段实证研究［J］．地理研究，2014，33（9）：1603–1616.

［66］张志强，乔怡迪，刘璇．中关村科技园区创新质量的时空集聚效应研究［J］．科技进步与对策，2020，37（11）：51–59.

［67］严佳，王晋梅，王丽艳．城市高新产业园区创新效率及其影响因素研究：以北京市中关村科技园区为例［J］．城市发展研究，2020，27（9）：132–140.

［68］贺明，李芳．中关村科技园区创新支持系统研究［J］．北京理工大学学报（社会科学版），2009，11（2）：73–76.

[69] 龚玉环，卜琳华，孟庆伟．复杂网络结构视角下中关村产业集群创新能力分析［J］．科学学与科学技术管理，2009，30（5）：56-60.

[70] 周英豪．中美高科技园区发展模式比较及启示：以中关村和硅谷为例［J］．企业经济，2010（3）：111-113.

[71] 刘友金，黄鲁成．产业群集的区域创新优势与我国高新区的发展［J］．中国工业经济，2001（2）：33-37.

[72] 谯薇．我国高新技术开发区企业集群问题及发展对策［J］．价格理论与实践，2002（9）：42-43.

[73] 王振，史占中，杨亚琴．基于企业集群战略的科技园区发展定位［J］．上海经济研究，2002（11）：33-38.

[74] 余明桂，范蕊，钟慧洁．中国产业政策与企业技术创新［J］．中国工业经济，2016（12）：5-22.

[75] 刘柯杰．知识外溢、产业聚集与地区高科技产业政策选择［J］．生产力研究，2002（1）：97-98，106.

[76] 周楠，杨珍，赵晓旭，等．京津冀区域科技创新政策协同演变［J］．中国科技论坛，2023（8）：27-38.

[77] 戴枫，吕笠瞻．国家自主创新示范区和区域一体化双政策协同研究：对城市技术创新动能的影响［J］．西北民族大学学报（哲学社会科学版），2023（6）：103-118.

[78] 刘澄，顾强，董瑞青．产业政策在战略性新兴产业发展中的作用［J］．经济社会体制比较，2011（1）：196-203.

[79] 方创琳．京津冀城市群协同发展的理论基础与规律性分析［J］．地理科学进展，2017，36（1）：15-24.

[80] 毛汉英．京津冀协同发展的机制创新与区域政策研究［J］．

地理科学进展，2017，36（1）：2-14.

［81］叶堂林．京津冀产业高质量协同发展中存在的问题及对策［J］．北京社会科学，2023（6）：49-57.

［82］邬晓霞，卫梦婉，高见．京津冀产业协同发展模式研究［J］．生态经济，2016，32（2）：84-87.

［83］沈伟国，陈艺春．我国高新区二次创业阶段发展论与评价体系研究［J］．科学学与科学技术管理，2007（9）：27-30.

［84］韩伯棠，朱美光，李强．高新区“二次创业”发展战略与政策建议［J］．科技进步与对策，2005（9）：46-48.

［85］朱美光．我国高新技术产业园区发展面临的问题与战略探讨［J］．科技管理研究，2008（10）：14-16.

［86］苏文松，郭雨臣，苑丁波，等．中关村科技园区智慧产业集群的演化过程、动力因素和集聚模式［J］．地理科学进展，2020，39（9）：1485-1497.

［87］薛伟贤，陈小辉，张月华．高技术产业集群模式比较研究［J］．科学学与科学技术管理，2009，30（9）：130-136.

［88］石明虹，刘颖．战略性新兴产业集群式创新动力机制与关键诱导因素研究［J］．科技管理研究，2013，33（24）：203-206.

［89］薄文广，陈飞．京津冀协同发展：挑战与困境［J］．南开学报（哲学社会科学版），2015（1）：110-118.

［90］张亚明，刘海鸥．协同创新博弈观的京津冀科技资源共享模型与策略［J］．中国科技论坛，2014（1）：34-41.

［91］徐继华，何海岩．京津冀一体化过程中的跨区域治理解决路径探析［J］．经济研究参考，2015（45）：65-71.

［92］李京文，李剑玲．京津冀协同创新发展比较研究［J］．经济

与管理，2015，29（2）：13-17.

［93］鲁继通．京津冀区域协同创新能力测度与评价：基于复合系统协同度模型［J］．科技管理研究，2015，35（24）：165-170，176.

［94］孙瑜康，李国平．京津冀协同创新水平评价及提升对策研究［J］．地理科学进展，2017，36（1）：78-86.

［95］赵彩云，吕拉昌．中关村科技园国际创新合作网络演化特征：基于PCT专利分析［J/OL］．世界地理研究［2024-03-30］．https：//kns. cnki. net/kcms/detail//31. 1626. p. 20230116. 1128. 002. html.

［96］傅首清．区域创新网络与科技产业生态环境互动机制研究：以中关村海淀科技园区为例［J］．管理世界，2010（6）：8-13，27.

［97］郭万超，朱天博．中关村创新力提升中存在的问题及解决途径：基于企业集群创新网络视角的分析［J］．城市问题，2012（3）：35-38.

［98］李文静．论中关村科技园区的发展问题［J］．北京社会科学，2006（6）：33-40.

［99］董慧梅，侯卫真，汪建苇．复杂网络视角下的高新技术产业集群创新扩散研究：以中关村产业园为例［J］．科技管理研究，2016，36（5）：149-154.

［100］郭洪．跨区域创新合作模式研究：以中关村为例［J］．北京社会科学，2014（5）：124-128.

［101］高雪莲．北京高科技产业集群衍生效应及其影响分析：基于中关村科技园区的案例研究［J］．地域研究与开发，2009，28（1）：47-52.

［102］龚玉环．中关村产业集群网络结构演化及创新风险分析［J］．科技管理研究，2009，29（8）：429-431.

［103］胡海鹏，吕拉昌．中关村产学研合作创新网络的时空演化［J］．中国科技论坛，2018（12）：52-59.

［104］马淑燕，赵祚翔，王桂玲．中国国家高新技术产业开发区时空格局特征及影响因素［J］．经济地理，2022，42（8）：95-102，239.

［105］刘洋．新时代高新区管理体制转型研究［D］．苏州：苏州大学，2021.

［106］田雪，李宝山．我国科技园区创新能力几大隐患及解决方法［J］．工业技术经济，2007（6）：31-33，36.

［107］吴林海．科技园区研究：一个新的理论分析框架［J］．科学管理研究，2003（5）：19-24.

［108］叶春阳，刘璠．基于高新区的自主创新平台构建路径研究［J］．特区经济，2007（8）：214-216.

［109］薛捷，张振刚．科技园区的创新链、价值链及创新支持体系建设［J］．科技进步与对策，2007（12）：58-61.

［110］吕政，张克俊．国家高新区阶段转换的界面障碍及破解思路［J］．中国工业经济，2006（2）：5-12.

［111］谭谊，彭艺，侯勇．基于创新能力差异的国家高新区发展阶段及发展策略研究［J］．湖南社会科学，2012（4）：141-145.

［112］刘瑞明，赵仁杰．国家高新区推动了地区经济发展吗?：基于双重差分方法的验证［J］．管理世界，2015（8）：30-38.

［113］张同全，石环环．科技园区创新人才开发政策实施效果评价：基于山东省 8 个科技园区的比较研究［J］．中国行政管理，2017（6）：85-89.

［114］王磊，汪波，张保银．环渤海地区高新区科技人才政策比

较研究［J］. 北京理工大学学报（社会科学版），2010，12（4）：28-31，37.

［115］董秋玲，郗英，常玉 . 多层次灰色评价法在西部科技园区技术创新能力评价中的应用［J］. 科技管理研究，2006（4）：52-55.

［116］寇小萱，孙艳丽 . 基于数据包络分析的我国科技园区创新能力评价：以京津冀、长三角和珠三角地区为例［J］. 宏观经济研究，2018（1）：114-120.

［117］张英辉 . 科技园区核心竞争力评价研究［J］. 统计与决策，2009（19）：77-78.

［118］王永宁，王旭 . 我国科技园区发展评价体系研究［J］. 科技管理研究，2009，29（6）：91-94.

［119］肖振宇 . 科技园区发展的竞争力评价研究：基于苏州、无锡科技园区的实证分析［J］. 科技进步与对策，2011，28（19）：129-134.

［120］盖文启，张辉，吕文栋 . 国际典型高技术产业集群的比较分析与经验启示［J］. 中国软科学，2004（2）：102-108.

［121］王树海，闫耀民 . 国家高新区未来发展的对策研究［J］. 中国软科学，2009（3）：84-88.

［122］贺巨兴，薄达文 . 中国高新区战略地位与发展趋势研究［J］. 中国科技产业，2004（4）：38-41.

［123］马宗国，刘亚男 . 世界领先科技园区发展的逻辑转向、国际经验与中国路径［J］. 经济纵横，2023（6）：68-76.

［124］陈旭东，王誉，李思梦 . 京津冀科技园区科技创新与政府协同治理效应研究［J］. 科技进步与对策，2022，39（14）：44-51

［125］李张珍 . 产学研协同创新中的研用对接机制探析：基于美国北卡三角协同创新网络发展实践的考察［J］. 高等工程教育研究，

2016（1）：34–38.

［126］党兴华，宋雪琪．区域协同视角下科技园区的创新发展模式：以陕西省科技园区为例［J］．科技管理研究，2016，36（17）：36–40，60.

［127］李小芬，王胜光，冯海红．第三代科技园区及意外发现管理研究：基于硅谷和玮壹科技园的比较分析［J］．中国科技论坛，2010（9）：154–160.

［128］赵双琳，朱道才．产业协同研究进展与启示［J］．郑州航空工业管理学院学报，2009，27（6）：15–20.

［129］李辉，张旭明．产业集群的协同效应研究［J］．吉林大学社会科学学报，2006（3）：43–50.

［130］吴晓波，裴珍珍．高技术产业与传统产业协同发展的战略模式及其实现途径［J］．科技进步与对策，2006（1）：50–52.

［131］李若朋，荣蓉，吕廷杰．基于知识交流的两种产业协同模式［J］．北京理工大学学报（社会科学版），2004（3）：42–44.

［132］赖茂生，闫慧，叶元龄，等．内容产业与文化产业整合与协同理论和实践研究［J］．情报科学，2009，27（1）：12–16，25.

［133］王兴明．产业发展的协同体系分析：基于集成的观点［J］．经济体制改革，2013（5）：102–105.

［134］张淑莲，胡丹，高素英，等．京津冀高新技术产业协同创新研究［J］．河北工业大学学报，2011，40（6）：107–112.

［135］王长建，叶玉瑶，汪菲，等．粤港澳大湾区协同发展水平的测度及评估［J］．热带地理，2022，42（2）：206–219.

［136］刘怡，周凌云，耿纯．京津冀产业协同发展评估：基于区位熵灰色关联度的分析［J］．中央财经大学学报，2017（12）：119–129.

［137］徐春光．基于新发展格局的中国数字经济产业协同发展水平测度［J］．统计与决策，2023，39（18）：5-10.

［138］杨道玲，耿德伟，张文铖，等．基于大数据的京津冀产业协同发展指数研究［J］．统计与决策，2023，39（6）：71-76.

［139］孙浩进，李虹辉，宁健康．西部大开发新格局下成渝经济圈产业协同发展研究［J］．学术交流，2022（2）：97-107.

［140］李健，李鹏飞，苑清敏．基于多层级耦合协调模型的京津冀工业产业协同发展分析［J］．干旱区资源与环境，2018，32（09）：1-7.

［141］王金杰，王庆芳，刘建国，等．协同视角下京津冀制造业转移及区域间合作［J］．经济地理，2018，38（7）：90-99.

［142］颜廷标．区域特质、产业分工定位与实现机理：以京津冀产业协同为例［J］．河北学刊，2018，38（3）：155-160.

［143］张明之．区域产业协同的类型与运行方式：以长三角经济区产业协同为例［J］．河南社会科学，2017，25（04）：79-85.

［144］高峰，刘志彪．产业协同集聚：长三角经验及对京津唐产业发展战略的启示［J］．河北学刊，2008（1）：142-146.

［145］张学良，李丽霞．长三角区域产业一体化发展的困境摆脱［J］．改革，2018（12）：72-82.

［146］陈曦，朱建华，李国平．中国制造业产业间协同集聚的区域差异及其影响因素［J］．经济地理，2018，38（12）：104-110.

［147］孙虎，乔标．京津冀产业协同发展的问题与建议［J］．中国软科学，2015（7）：68-74.

［148］刘雪芹，张贵．京津冀产业协同创新路径与策略［J］．中国流通经济，2015，29（9）：59-65.

［149］孙彦明．京津冀产业协同发展的路径及对策［J］．宏观经济管理，2017（9）：64-69.

［150］初钊鹏，王铮，卞晨．京津冀产业协同发展的理论认识与实践选择［J］．东北师大学报（哲学社会科学版），2018（6）：178-184.

［151］孙久文，张红梅．京津冀一体化中的产业协同发展研究［J］．河北工业大学学报（社会科学版），2014，6（3）：1-7.

［152］Harmann H. Synergetics-Anintroduetion［M］. Berlin：Sprenger，1997.

［153］Porter M E. Industrial organization and the evolution of concepts for strategic planning：The new learning［J］. Managerial and decision economics，1983，4（3）：172-180.